Die Autoren dieses Buches verbindet seit über 30 Jahren die Leidenschaft für die Eisenbahn. Zunächst waren sie Lehrer und Schüler, später zusammen Vorstandsmitglieder des Vereins Eisenbahnfreunde OnWheels e. V., der nostalgische Sonderzüge und Gruppenreisen organisiert und sich und für den Erhalt des Dorstener Bahnhofs als „Bürgerbahnhof" einsetzt.

Gemeinsam veröffentlichten sie beim Sutton Verlag die Eisenbahnbücher „Die Marschbahn – Auf Kursbuchstrecke 130 unterwegs zwischen Altona und Sylt" (2017), „Die Eisenbahn zwischen Ruhrgebiet und Münsterland – Oberhausen–Dorsten–Coesfeld–Rheine" (2018), „Das Eisenbahndreieck Essen, Bochum, Wanne-Eickel – Im Dienst für Kumpels, Kohle und Stahl" (2019), „Ruhrgebiet – 55 Highlights aus der Bahngeschichte – Wie Schienenwege das Revier bis heute prägen" (2019), „Niederrhein – 50 Highlights aus der Bahngeschichte – Fahrzeuge · Strecken · Bahnhöfe" (2020), „Schienenverkehr an Mosel und Saar – Zwischen Dampfabschied und Halbstundentakt – Eisenbahngeschichte von 1960 bis heute" (2021) und „Die Marschbahn. Der Schienenweg zwischen Elmshorn und Westerland im Wandel" (2022).

Manfred Diekenbrock wurde 1950 in Oberhausen-Sterkrade geboren, lehrte bis zu seiner Pensionierung im Jahr 2016 an einem Bochumer Gymnasium und ist heute freischaffend als Bildungsreferent tätig. Er lebt in Dorsten-Wulfen an der Schnittstelle von Ruhrgebiet und Münsterland.

Daniel Michalsky wurde 1980 in Hattingen (Ruhr) geboren, verbrachte seine Kindheit in Bochum und lebt heute am linken Niederrhein in Krefeld. Der studierte Jurist ist verheiratet, hat vier Söhne und ist als Personaljurist / Personalreferent für Sonderthemen bei einer großen gesetzlichen Krankenkasse tätig.

Die Borkumer Kleinbahn

Mitte Juli 2020 herrscht überall Urlaubsfeeling auf der Insel, als sich ein Regelzug der Borkumer Kleinbahn auf den Weg von der Ortschaft zum Hafen macht. Im Hintergrund überragt der neue Leuchtturm, der gegen Entgelt besichtigt werden kann, die ansonsten eher flachen Bauten auf der Insel.

Manfred Diekenbrock und Daniel Michalsky

Die Borkumer Kleinbahn

Die Geschichte von 1888 bis heute

SUTTON

Vom Hotel „Weisse Düne" hat man einen fantastischen Blick auf den Inselbahnhof und ausfahrende Züge. Hier verlässt ein Zug der Inselbahn im Februar 2023 den Bahnhof in Richtung Hafen.

Einband vorne: Triebwagen 1 der Borkumer Kleinbahn war schon vor 70 Jahren auf Borkum im Einsatz – etwa auf der Strandbahn, wo er hier zu sehen ist.
Vorsatz: Am 27. Juli 2014 hat der Fotograf einen beeindruckenden Blick über einen Teil der Ortschaft Borkum. Lok „Emden" schlängelt sich mit ihrer Zusatzgarnitur zwischen Busbahnhof und Werkstatt der Borkumer Kleinbahn (BKB) zum Bahnhof, der am unteren Bildrand links zu erkennen ist.
Nachsatz: Um vom Bahnhof in der Ortschaft Borkum wieder auf das rechte und mithin richtige Gleis zu gelangen, fährt Diesellok „Emden" mit ihrem zusätzlich eingesetzten Zug über die Weichenkombination direkt hinter dem Bahnübergang Bismarckstraße.
Einband hinten: Dampflok „Borkum" am 27. Juli 2014 (siehe Seite 40/41).

Impressum

Sutton Verlag GmbH
Schweickhardtstraße 1
72072 Tübingen
www.suttonverlag.de

ISBN: 978-3-96303-425-1
Printed in Poland by CGS
Gestaltung und Herstellung: Sutton Verlag

In diesem Buch wird aus Gründen der besseren Lesbarkeit das generische Maskulinum verwendet. Weibliche und anderweitige Geschlechteridentitäten werden dabei ausdrücklich mitgemeint, soweit es für die Aussage erforderlich ist.

Inhalt

Bildnachweis

Sammlung Stefan Buhr (Henry Grabowsky): Einband vorne, S. 9, 13, 14, 16, 17, 18 o, 20, 39, 42, 47 o, 48, 49 o, 94 o; Manfred Diekenbrock: S. 4, 30, 31, 36 o, 57, 58, 76, 77, 78, 80 o, 85, 86, 89, 94 u, 95, 96, 97, 103, 109 u; Franz-Josef Dovern: S. 73; Horst Foege: S. 105 u, 114 o, 115 u; Carsten Klinger: S. 2, 26, 29, 33 o, 62, 65, 107 u; Martin Kursawe: Vorsatz, S. 40/41, 60, 61 o, 71 u, 93 u, 119 o, Nachsatz, Einband hinten; Daniel Michalsky: S. 43 o, 52, 53 o, 55, 63 o, 64, 70, 71 o, 93 o, 107 o, 108, 115 o; Dieter Riehemann: S. 15, 21 o, 22 o, 47 u, 51 o, 53 u, 54 o, 56 o, 66, 67; Winfried Roth: S. 22 u, 24, 25, 51 u, 112, 118; Joachim Stuebben: S. 43 u, 44, 79, 80 u, 81, 82, 83, 84, 110 o; Claus Wilhelm Tiedemann: S. 87, 88; Norbert Wünsch: S. 18 u, 21 u, 36 u, 37, 45, 49 u, 54 u, 56 u, 61 u, 63 u, 68/69, 72, 92, 99, 102, 104, 105 o, 110 u, 111, 114 u, 117 u, 119 u; Sammlung GeraMond: S. 12, 34/35, 116, 117 o; Sammlung Borkumer Kleinbahn/AG Ems: S. 7, 32, 33 u, 100/101, 106, 109 o.

Literatur

Hans Schweers, Die Borkumer Kleinbahn und die Schiffe der A.G. „Ems“, Schweers + Wall, Köln 2007.

Malte Werning, Inselbahnen der Nordsee, GeraMond, München 2014.

Malte Werning, Inselbahnen der Nordsee, GeraMond, München 2003.

Reiner Preus, Wattläufer – Eisenbahn auf Insel & Hallig, transpress, Stuttgart 2012.

Wolfgang Rogl, Die Nordsee-Inselbahnen, alba, Düsseldorf 1996.

Stefan Buhr, Henrys Borkum, Feine Fotografien der 50er & 60er Jahre des Reedereidirektors Henry Grabowsky, Band 1, Hamburg 2018 und 2020.

www.henrys-borkum.de

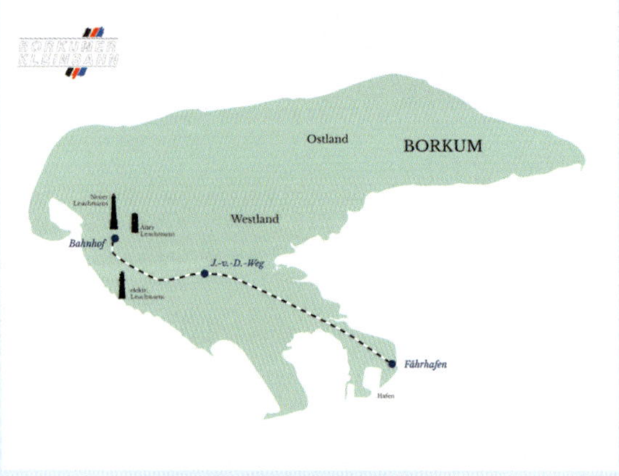

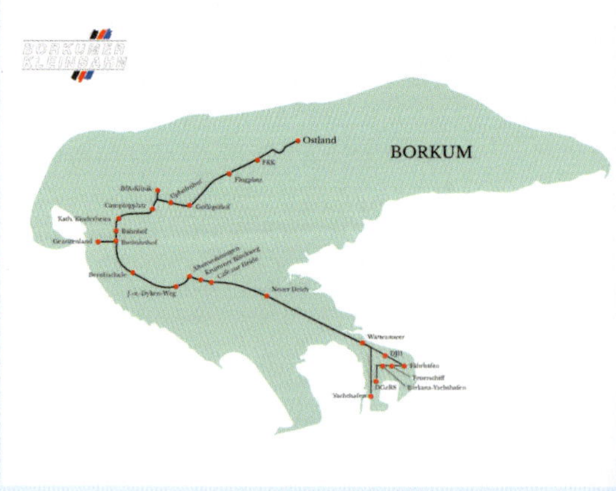

Streckenkarten der Inselbahn und der Busverbindungen.

Vorwort

Liebe Eisenbahnfreunde, Einheimische und Urlauber,

Inselbahnen erzeugen für viele Menschen eine ganz eigene Faszination – erinnern sie uns doch an Geschichten unserer Kindheit wie „Jim Knopf und Lukas der Lokomotivführer" oder die britische Serie „Thomas und seine Freunde", die ebenfalls auf Inseln spielen. Anders als in diesen beiden Fiktionen wurden Inselbahnen jedoch gebaut, um die Menschen von den Fähranlegern zu den Ortschaften zu bringen. Zu Zeiten der beiden Weltkriege hatten sie zudem militärische Aufgaben – meistens erreichten die Gleisnetze der einzelnen Bähnchen ihre maximale Ausdehnung zu diesen Zeitpunkten. Heute sind viele deutsche Inselbahnen leider verschwunden wie etwa auf Sylt, Amrum oder Juist. Andernorts gibt es sie noch wie auf Langeoog, Wangerooge oder Borkum. Anders als bei den beiden erstgenannten ostfriesischen Inseln, die gänzlich autofrei sind, ist die Borkumer Kleinbahn (BKB) – wie sie offiziell heißt – heute Bestandteil eines modernen Nahverkehrskonzepts, das aus Fähren, Bussen und der Inselbahn besteht und durch den Individualverkehr ergänzt wird.

Aus rund 2.500 Bildern haben wir die schönsten herausgesucht und freuen uns, dass wir Ihnen eine vielseitige Auswahl mit hochwertigen und besonderen Motiven zur Verfügung stellen können. Unser Dank gilt den zahlreichen Bildautoren, die uns unterstützt und unsere eigene Auswahl komplettiert haben. Namentlich möchten wir dabei besonders die Herren Stefan Buhr, der uns Zugang zu den einzigartigen Fotos seines Großvaters Henry Grabowsky ermöglichte, Korbinian Fleischer, Horst Foege, Carsten Klinger, Martin Kursawe, Dieter Riehemann, Winfried Roth und Norbert Wünsch hervorheben.

Wir leben zwar nicht im „schönen Ostfriesland", haben Borkum aber häufig besucht und fühlen uns der Insel und ihrem Bähnchen seit über 30 Jahren verbunden. So enthält dieses Buch auch sehr viele persönliche Eindrücke, die wir durch ein „wir" bzw. unsere Namen verdeutlichen.

Wir wünschen Ihnen viel Freude beim Lesen unseres Buches.

Manfred Diekenbrock und Daniel Michalsky

Einleitung

Borkum ist mit 36 Quadratkilometern die größte der sieben ostfriesischen Inseln. Sie hatte schon vor 600 Jahren strategische Bedeutung: So nutzten Piraten sie als Stützpunkt, um Handelsschiffen der Hanse aufzulauern. Ihnen folgten holländische Wassergeusen, die sich im 16. Jahrhundert gegen Spanien wehrten. Im 18. Jahrhundert ging es dann von Borkum aus auf Walfang, was der Insel großen Wohlstand brachte. Erst im 19. Jahrhundert wurde der Badebetrieb als Einnahmequelle entdeckt. Er blieb es auch, sehen wir einmal von den Kriegszeiten ab, in denen Borkum militärischer Stützpunkt war.

Der heutigen Inselbahn ging eine Pferdebahn zwischen Hafen und Inselort voraus. Es bedurfte erst einer Initiative vom Festland, ehe es zum Bau einer Eisenbahn kam, die nun Hafen und Ort verbinden sollte. Damit war auch klar, dass Bahn und Schiff zusammengehören. So ist es auch heute noch unter dem Dach der AG Ems. Es soll nicht unerwähnt bleiben, dass auch die Eisenbahn für militärische Zwecke genutzt wurde und wichtige strategische Aufgaben übernehmen musste. So existierte bis 1947 die „Ostlandbahn", die fast ausschließlich militärischen Zwecken diente. Bis 1953 gab es zudem die „Nordstrandbahn" – kurz: „Strandbahn" –, die es ermöglichte, mit einer kleinen Dampfbimmelbahn direkt bis an das Wasser zu fahren. Schade, dass das heute nicht mehr geht. Aber auch so sind es nur wenige Schritte durch die Fußgängerzone vom Bahnhof bis zur Strandpromenade.

Das heutige Streckennetz der Borkumer Kleinbahn umfasst eine Länge von 7,5 Kilometern bei einer Spurweite von 900 Millimetern. Es gibt drei Stationen: Borkum-Reede, Jakob-van-Dyken-Weg und Borkum Bahnhof. Die Strecke ist eine wichtige Verkehrsader. Bei ihr handelt es sich um die letzte zweigleisige Schmalspurbahn in Niedersachsen, die rechtlich gesehen eine Nebenbahn ist.

1

Bewegte Geschichte der Inselbahn

Die Borkumer Kleinbahn kann heute auf eine bewegte Geschichte zurückblicken, die zwischen ihrer Entstehung als Pferdebahn, der teilweisen Zerstörung durch Sturmfluten, dem massiven Ausbau des Streckennetzes zu Kriegszeiten und einem heute modernen Verkehrskonzept mit dem Einsatz von Wendezügen und bequemen Waggons auf einer durchgehend zweigleisigen Strecke mäandert.

Henry Grabowsky war von 1949 bis 1967 Reedereidirektor der AG Ems und Vorstand der Borkumer Kleinbahn GmbH. Als begeisterter Fotograf hinterließ er uns eine einzigartige Fotosammlung Borkumer Motive, zu denen auch dieses Foto der Dampflok „Dollart" an der Reede gehört. Das Foto ist sorgfältig komponiert: Der Heizer winkt dem Fotografen zu, während seine Ehefrau Gerda die Lok passiert.

Von der Pferdebahn zur Kleinbahn

Die Kleinbahn, wie wir sie heute kennen, ist im Grunde schon über 140 Jahre alt. Alles begann im Jahr 1879 mit einer Pferdebahn als Materialbahn mit einer Spurweite von 900 Millimetern, die benötigt wurde, um das erforderliche Material für den Bau des neuen Leuchtturms von der Entladestelle der Schiffe am Hopp zur Baustelle auf der Westseite zu befördern. Die Entladestelle befand sich an der südöstlichen Seite der Insel, etwa drei bis vier Kilometer nordwestlich des heutigen Fähranlegers, denn nur dort konnte bei Hochwasser mit flachen Kähnen angelandet werden. Bei Niedrigwasser wurden die Kähne auf zweiachsige Loren entladen, die die Pferde über die rund 5,5 Kilometer lange Strecke bis zur Baustelle zogen. Bei Flut lagen die letzten 900 Meter der Strecke unter Wasser.

Vor Errichtung der Pferdebahn, deren Gleise überwiegend auf staatseigenem Grund verlegt wurden, zogen die Pferde die Transportwagen durch das Watt. Weil die Räder dabei im Watt einsanken, war nur eine sehr geringe Beladung der Wagen möglich und der Transport dauerte entsprechend lang. Auf Schienen ging es deutlich schneller und es konnte die 12- bis 16-fache Menge an Material fortbewegt werden. Nur dadurch konnte der neue Leuchtturm nach einer kurzen Bauzeit von nur sieben Monaten in Betrieb genommen werden, was entscheidend war, weil der alte Leuchtturm von 1576 infolge eines Ofenrohrbrandes Mitte Februar 1879 vollständig ausgebrannt war.

Die neue Pferdebahn fand derartigen Anklang, dass auch die Baustellen der Strandmauer und der Buhnen an der Westseite der Insel über sie mit Baumaterialien beliefert wurden. Das Streckennetz der Pferdebahn wuchs damit auf rund acht Kilometer.

Verantwortlich für den Bau der Pferdebahn war das Bauunternehmen Habich & Goth, das bereits eine Baueisenbahn in der Spurweite von 900 Millimetern am Ems-Jade-Kanal betrieb. Das dort eingesetzte Material wurde nach Borkum verschifft und bildete zunächst den Grundstock der Bahn.

Nach dem Ende der Bauarbeiten war das Schicksal der Pferdebahn zunächst offen. Führende Persönlichkeiten der Gemeinde Borkum sprachen sich für einen Abbau der Strecke aus. Beamte des preußischen Staates sahen jedoch die Möglichkeit, die Borkumer Bürgerinnen und Bürger mit der Bahn preiswerter mit Nahrung, Kleidung, Haushaltswaren und weiteren Gütern versorgen zu können. Auch die Betreiberfirma der Bahn, Habich & Goth, sprach sich für den Erhalt der Bahn aus, weil sie ein Geschäft witterte. 1882 wurde die staatliche Entscheidung getroffen, die Gleise zunächst liegen zu lassen. Im Juni des Folgejahres schloss die Betreiberfirma einen Vertrag mit der Stadt Emden, der die Errichtung eines festen und tideunabhängigen Anlegers vorsah, um die gefahrvolle und umständliche Anlandung auf der Insel zu umgehen. Dabei wurde zudem die Planung einer Eisenbahnstrecke von dort zur Borkumer Ortschaft vereinbart. Die neue Strecke wurde unter anderem mit dem vorhandenen Material der Pferdebahn errichtet, weshalb es bei der Spurweite von 900 Millimetern blieb. Da der neue Fähranleger deutlich weiter südöstlich der bisherigen Verladestelle Am Hopp entstand, konnte man nur rund einen Kilometer der alten Trasse in der Ortschaft Borkum als Grundlage für die neue Strecke verwenden. Die restliche neue Strecke bis zum Anleger wurde südlich der alten Pferdebahn gebaut.

Nach längeren Verhandlungen zwischen Habich & Goth, der Stadt Emden und der Finanzdirektion Hannover wurde am 30. Juli 1885 eine Konzession zum Betrieb einer Eisenbahn (zunächst lediglich einer Pferdebahn) auf Grundlage des preußischen Eisenbahngesetztes von 1838 für einen Zeitraum von zunächst 30 Jahren erteilt.

In der Ortschaft Borkum wurde ein repräsentatives Empfangsgebäude errichtet und die Strecke konnte am 15. Juni 1888 eröffnet werden. Dieser Umstand und die rasche Entwicklung der Strecke zur Lebensader der Insel ermöglichten es Borkum überhaupt erst, als bedeutendes Seebad wahrgenommen zu werden. Dampflokomotiven waren nun für die Traktion zuständig, wobei die beiden Baulokomotiven „Moritz“ und „Melitta“ als erste auf die Strecke kamen. Der Streckenverlauf ist mit dem heutigen identisch: rund vier Kilometer durch das offene Watt und rund vier Kilometer über die Dünen zum neuen Bahnhof in der Ortsmitte. Der Autor und Neffe Wilhelm Buschs, Herman Nöldecke, merkte dazu im Jahr 1904 an: „Statt vom Landungsplatz auf hartem Bretterwagen in's Dorf zu rumpeln, fährt man [nun] gelinde per Eisenbahn.“ Eine – wie wir finden – sehr treffende Beschreibung.

In den Anfangsjahren der Bahn sorgten Sturmfluten immer wieder für Zwangspausen. Aus diesem Grund errichtete man für den östlichen Teil der Strecke recht schnell einen befestigten Sanddamm, der Mitte der 1890er-Jahre an zwei Stellen zunächst durch Pfahlbrücken ersetzt wurde. Diese Konstruktion konnte der Urgewalt der Sturmfluten aber auch nicht dauerhaft trotzen, sodass 1910 alles wieder zu einem Damm umgebaut wurde. Diese kostenintensiven Maßnahmen, die die private Firma Habich & Goth kaum stemmen konnte, führten bereits am 23. September 1903 zur Gründung der Borkumer Kleinbahn- und Dampfschifffahrt-Aktiengesellschaft – kurz: BKB – mit Sitz in Emden, an der sich die AG Ems als Hauptaktionär beteiligte. Sie erhielt am 28. Oktober des Jahres vom Auricher Regierungspräsidenten eine auf 75 Jahre angelegte Konzession auf Grundlage des preußischen Kleinbahngesetzes zum Betrieb der Bahn. Der BKB gelang es bis 1905, alle Grundstücke, auf denen die Strecke der Bahn bzw. deren betriebliche Anlagen errichtet wurden, zu kaufen oder wenigsten für sehr lange Zeiträume zu pachten. Oft wird außer Acht gelassen, dass es zum Betrieb einer Eisenbahnstrecke einer sehr großen und vor allem zusammenhängenden Fläche an Land bedarf.

Der zweigleisige Ausbau der Stammstrecke zwischen dem Anleger und der Ortschaft Borkum, wie wir sie heute kennen, erfolgte ab 1908 hauptsächlich aus militärischen Zwecken, nachdem Kaiser Wilhelm II. der Insel 1902 den Status einer Seefestung verliehen hatte. Daher ergab sich zu Beginn bis etwa 1912 eine interessante Betriebssituation, denn ein Gleis diente ausschließlich dem zivilen Personenverkehr, während auf dem anderen ausschließlich die Bauzüge des Militärs verkehrten, damit zahlreiche militärische Anlagen von der Kaiserlichen Marine errichtet werden konnten, die alle (zumindest in der Bauphase) einen eigenen Gleisanschluss erhielten.

Historischer Blick über den Georg-Schütte-Platz zum Inselbahnhof und neuen Leuchtturm. Neben dem neuen gibt es auf der Insel noch den alten und den elektrischen Leuchtturm. Georg Schütte war 54 Jahre für die Borkumer Kleinbahn und die AG Ems tätig, davon zuletzt rund 22 Jahre als kaufmännischer Vorstand. Ihm folgte Henry Grabowsky.

Es muss wenige Jahre nach Kriegsende gewesen sein, als das Dampfschiff „Kaiser Wilhelm" den Borkumer Hafen anfährt.

Dampflok „Münster", die bereits 1951 ausgemustert wurde, fotografierte Henry Grabowsky gemeinsam mit dem Dampfschiff „Prinz Heinrich", das von Zwillingsdampfmaschinen angetrieben wurde, die je 150 PS leisteten. Das Schiff existiert heute noch als Museumsschiff.

Als Chef und oberster Betriebsleiter der Borkumer Kleinbahn machte sich Henry Grabowsky mit seiner Kamera selbst oft auf den Weg, um etwa diesen schönen Dampfzug zu fotografieren. ▲

Der Künstler selbst war von Haus aus Ingenieur und machte bei der AG Ems sowie der Borkumer Kleinbahn Karriere.

Am selben Tag konnte auch Lok „Münster" nach ihrer Ankunft an der Reede abgelichtet werden. Nach einem Lokumlauf steht sie – wie auch Lok „Emden" auf dem Bild oben – wieder „richtigherum", um ihre Rückfahrt zur Ortschaft Borkum anzutreten. ▶

Die seinerzeit neue Kleinbahnlok „Emden" (in der zweiten Besetzung) steht am 18. Juni 1988 abfahrbereit vor einem Personenzug in Borkum Reede.

Die Nordstrandbahn

In den Folgejahren wuchs das Streckennetz stetig. So wurden abzweigend von der Stammstrecke eine Reihe von Gleisanschlüssen verlegt und auch das Wasser- und Schifffahrtsamt erhielt einen Gleisanschluss zum Ausbau und Unterhalt der westlichen Schutzbauwerke gegen Sturmfluten. Die Strecke verlief dabei im Grunde direkt auf der Hauptpromenade unmittelbar vor dem Strand, wurde ab 1929 über die Strandpromenade hinaus verlängert und auch im Personenverkehr bedient. Sie erhielt daraufhin die Bezeichnung „Nordstrandbahn". Über ein Gleisdreieck konnten die Züge sowohl von der Reede als auch vom Inselbahnhof ohne Fahrtrichtungswechsel direkt in die Strecke der Nordstrandbahn einfahren. Regelmäßiger Zugverkehr wurde zu jener Zeit während der Badesaison durchgeführt. Dabei pendelte zunächst eine Dampflokomotive mit zwei Waggons. Nach Kriegsende und Wiederaufnahme des Badebetriebs ab 1949 verkehrten die Schienenbusse T1 und T2 der Waggonfabrik Wismar alle 20 Minuten zwischen dem Nordbahnhof am östlichen Rand der Promenade und dem Nordstrandbad. Leider wurde der Betrieb auf der Nordstrandbahn, die sich großer Beliebtheit erfreute, im Jahr 1953 wieder aufgegeben, nachdem der Badestrand vor die Promenade zurückverlagert worden war.

Die letzte Fahrt auf der Nordstrandbahn erfolgte im Juni 1968 mit der Dampflok „Borkum" im Rahmen einer Sonderfahrt zu den Feierlichkeiten zum 80-jährigen Bestehen der Kleinbahn. 1969 wurde die Strecke abgebaut, wobei das „Postgleis" – ein Ladegleis der dort gelegenen Post für die Abwicklung der Postsendungen zwischen Insel und Festland – bis zum Jahr 1975 existierte.

Auf dem Bild ist schön zu erkennen, wie sich die „Nordstrandbahn" oder kurz „Strandbahn" an der Promenade entlangschlängelte.

Triebwagen 1, 1940 in der Fabrik Wismar gebaut, ist auch heute wieder auf Borkum im Einsatz.

Stolz präsentiert das Personal Triebwagen 2 der Borkumer Kleinbahn. Hier sehen wir das schöne Fahrzeug, das bis 1978 auf der Insel zum Einsatz kam, zwischen Ortschaft Borkum und dem Hauptstrand.

Diese sehr seltene Aufnahme eines Triebwagens auf der Nordstrandbahn gelang Henry Grabowsky Anfang der 1950er-Jahre. Mangelnde Wirtschaftlichkeit der Linie zum „Café Sturmeck" veranlassten ihn, sie 1953 einzustellen. Bemerkenswert ist, dass die Schwellen und Schienen ohne weitere Befestigung auf der Pflasterung der Promenade aufliegen.

Als Relikt aus alten Zeiten ist diese Entfernungstafel der ehemaligen Strandbahn heute noch auf der Nordbad-Promenade zu finden.

Zu Zeiten beider Weltkriege, Ostlandbahn und Schlütergleis

Ausschließlich für militärische Zwecke verlängerte die Kaiserliche Marine, die auch den Betrieb auf diesem Abschnitt mit eigenen Fahrzeugen übernahm, ab 1908 die Stammstrecke der BKB über die Ortschaft Borkum hinaus ins Ostland. Im Jahr 1908 wurde das erste Teilstück mit einer Länge von 5,3 Kilometern bis zur Dünenbatterie in Betrieb genommen. Rund fünf Jahre später erreichten die Gleise nach weiteren 3,3 Kilometern die Hörnbatterie. 1915 baute die Marine noch ein Umgehungsgleis um die Wattbatterie.

Im Ersten Weltkrieg wurde kein einziger Schuss auf die Seefestung Borkum abgegeben. Glück für Borkum: Die Festung spielte militärisch überhaupt keine Rolle. Jedoch wurde Borkum in dieser Zeit zum militärischen Sperrgebiet erklärt und war für Badegäste nicht mehr zugänglich. Die Marine nutzte die Kleinbahn bis zu ihrer Belastungsgrenze.

Vor und während des Zweiten Weltkriegs nutze die Marine die Strecke weiter. Zu diesem Zeitpunkt fand auch ziviler Personenverkehr auf der Strecke zum Flugplatz und zur Rennbahn statt, was zu Streit zwischen den Behörden führte, weil die Kleinbahnaufsicht eine solche Nutzung nicht genehmigt hatte.

Das Streckennetz umfasste 45 Kilometer und es wurden bis zu 50 Fahrten täglich zwischen dem Fährlanleger (Reede) und dem Inselbahnhof durchgeführt, wobei sechs Dampflokomotiven und 70 Wagen im Einsatz waren. Ab 1942 wurde der gesamte Betrieb der BKB dem Transportkommandanten der Festung Borkum, Oberleutnant Schlüter, unterstellt. Während des Zweiten Weltkriegs kam es am 5. August 1940 zu einem bedeutenden Luftangriff auf den Bahnhof und die Werkstätten der Bahn, wobei jedoch keine wesentlichen Schäden außer an einigen Gleisen im Ortsgebiet von Borkum und einer Dampflok entstanden. Am 5. August 1944 konnte das sogenannte Schlütergleis – woher der Name kommt, dürfte klar sein – zwischen dem Ostland und dem Fähranleger in Betrieb genommen werden, das eine östliche Umfahrung der Ortschaft Borkum ermöglichte.

Nach Ende des Zweiten Weltkriegs sprengte die britische Besatzungsmacht die militärischen Anlagen auf Borkum. Die Ostlandbahn musste jenseits des ehemaligen Bahnbetriebswerks am Barbaraweg abgerissen werden (1947). Das gleiche Schicksal ereilte das Schlütergleis (1948), das nach dem Abriss der Ostlandbahn ohnehin nicht mehr benötigt wurde. Die BKB nutzte das Bahnbetriebswerk sowie den verbliebenen Rest der Strecke der Ostlandbahn bis dorthin bis zum Jahr 1958 weiter und verlagerte ihren Standort dann zum neuen Betriebswerk westlich des Borkumer Bahnhofs. Vom alten Betriebswerk am Barbaraweg stehen die Gebäude bis auf die Lokwerkstatt heute noch. Die ehemalige Maler- und Tischlerwerkstatt wird vom Deutschen Roten Kreuz genutzt und das Domänenamt Norden sowie der niedersächsische Landesbetrieb für Wasserwirtschaft, Küsten- und Naturschutz teilen sich die ehemalige Schlosserei.

Über die von der Marine auf der Ostlandbahn und auf den Strecken der BKB eingesetzten Fahrzeuge liegt keine abschließende Dokumentation vor. Bekannt ist jedoch der Einsatz der Dampflokomotiven „Kommandantur Borkum“ (1914) und „Kommandant“ (gebraucht im Jahr 1920 übernommen), der Diesellokomotiven „Leer“ (1935) und „Emden“ (1942), eines Wismarer

Schienenbusses T2 (1939) sowie einer Reihe von Draisinen und Personenwagen, wobei der Kommandant der Festung Borkum einen eigenen erhielt. Unter den Güterwagen der Marine befanden sich ausgesprochene Exoten wie Scheinwerferwagen und ein Wagen für den Abtransport angespülter Wasserleichen.

Als 1952/53 Gleise erneuert werden mussten, standen noch keine Gleisbaumaschinen zur Verfügung. Eine Gruppe von Arbeitern musste am Bahnübergang „Weertgatt" mit einfachen Werkzeugen harte Arbeit leisten.

Die ehemalige Borkumer Ostlandbahn der Marine wurde nach dem Zweiten Weltkrieg stillgelegt. Allerdings nutze die Inselbahn die an dieser Strecke gelegene Marine-Werkstätte Barbaraweg noch bis 1958. Übrig blieb von der Ostlandbahn ein im Straßenplanum der Hindenburgstraße gelegenes Gleisstück ab Bahnhof Borkum, das als Ausziehgleis genutzt wird. Hier sehen wir Schienenbus T2 am 3. Mai 1975 auf diesem Gleisstück – im Hintergrund der Bahnhof.

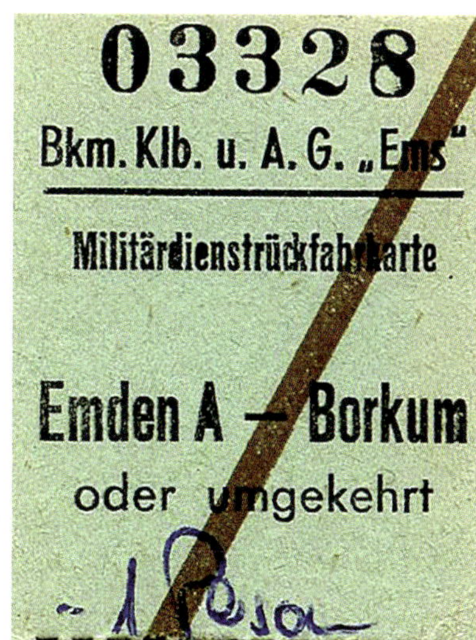

Links: Militärfahrkarte noch in M-Währung. Diese Bezeichnung wurde bis zum Ende der Inflationszeit 1923 verwendet und dann durch Gold-Mark abgelöst. Auf der Fahrkarte steht keine Bezeichnung der Bahngesellschaft. Besonders bei Kleinbahnen wurde die Währungsbezeichnung „M" häufig bis Mitte der 1930er-Jahre verwendet, um die Kosten für das Ändern des Druckklischees zu sparen. „Wartehalle Borkum" ist übrigens heute Borkum Reede. Rechts: Militärdienstrückfahrkarte vom 5. September 1994.

Am 1. Mai 1982 nutzt Lok „Münster" das Ausziehgleis der ehemaligen Ostlandbahn, um an das andere Ende ihres Zuges zu gelangen.

Auch im August 1986 liegen die Schienen noch im Straßenplenum der Hindenburgstraße. Wie schön es wäre, wenn man dieser Strecke heute noch – etwa für touristische Zwecke – nutzen könnte.

Naturgewalten und Stilllegungspläne

Nach Ende des Zweiten Weltkriegs konnte die BKB den Verkehr am 8. Juni 1945 wieder aufnehmen. Da es an Kohle mangelte, war zunächst jedoch nur eine sehr eingeschränkte Betriebsführung möglich. Dafür konnte die BKB auf von der Marine übernommene Eisenbahnfahrzeuge wie etwa einige Diesellokomotiven, einen Triebwagen, 32 Personen- und 175 Güterwagen zurückgreifen.

Wie viele Unternehmen musste auch die BKB ab den 1950er-Jahren durch den immer stärker werdenden Individualverkehr Einbußen bei den Fahrgastzahlen hinnehmen. Dazu trug vor allem die im Krieg vom Militär errichtete Straße von der Reede in die Ortschaft Borkum bei, die seit 1946 für den Individualverkehr freigegeben war. Rationalisierungsmaßnahmen waren die Folge und gipfelten 1960 in einer Studie mit der Fragestellung, ob der Gesamtverkehr nicht von der Schiene auf die Straße verlegt werden könne. Dieser Plan wurde aber recht schnell wieder zu den Akten gelegt, da man sich nicht in der Lage sah, Busse in Verkehrsspitzenzeiten in ausreichender Menge vorzuhalten und einzusetzen.

Die Aufnahme des Linienbusbetriebs auf Borkum ist übrigens einer Sturmflut „zu verdanken". Denn am 17. Februar 1962 wurden bei einer solchen etwa 900 Meter des Wattdamms, auf dem die Strecke unmittelbar westlich des Hafens verläuft, zerstört, sodass der Betrieb auf der Kleinbahn zunächst unterbrochen war. Für die Übergangszeit beschaffte die BKB Omnibusse, die auf neu eingeführten Linien verkehrten. Das Konzept wurde so gut angenommen, dass man es nach Reparatur der Strecke der Kleinbahn bestehen ließ. Im selben Jahr verlagerte man die Güterabfertigung vom Ort zum Hafen, wo ein neuer Güterschuppen entstand.

1963 übernahm die AG Ems auch die restlichen Anteile an der Kleinbahn und wandelte ihre Rechtsform in eine GmbH um. Am 1. Januar 1964 begann der Klein- und Großbehälterumschlag. Der bisher von der BKB unterhaltene Schutzwall entlang der Stammstrecke wurde von der Wasser- und Schifffahrtsverwaltung übernommen und ausgebaut.

Nach Inbetriebnahme der ersten Autofähre im Jahr 1968 wurde die wirtschaftliche Situation der Kleinbahn zusehends schlechter. Denn viele Einheimische und Urlauber nutzten nun ihre eigenen Pkw, um von der Reede zur Ortschaft Borkum bzw. zurück zu fahren und waren nicht mehr auf die Kleinbahn angewiesen. Daher beschränkte man den Eisenbahnverkehr lediglich auf die Sommersaison und führte ansonsten Schienenersatzverkehr durch. Aber vor allem verlagerte sich der Güterverkehr bis 1972 gänzlich auf die Straße, da zahlreiche Lkw auf die Insel kamen. Der Güterbahnhof der Bahn wurde daher in diesem Jahr geschlossen.

Im Jahr 1978 lief die Konzession der BKB zum Betrieb der Inselbahn aus und wurde um 50 Jahre bis 2028 verlängert. 1979 wurde ein Investitionsplan mit einer Summe von rund 16 Millionen DM verteilt auf zehn Jahre zum Erhalt eines rationellen Schienenbetriebs beschlossen. Noch im selben Jahr begann die Sanierung des Oberbaus. Wenig später wurde eine neue Werkstatt gebaut. In einer weiteren Studie 1980/81 setzte man sich damit auseinander, ob die Kleinbahn nicht durch eine Magnetschwebebahn zu ersetzen sei. Während dieser Überlegungen errichtete man die neuen Werkstatthallen des Betriebswerks so, dass sie auch für

Magnetschwebebahnen geeignet wären, und nahm diese mit einer Gleislänge von 180 Metern 1982 in Betrieb. Aus verschiedenen Gründen nahm man jedoch von diesen Überlegungen wieder Abstand.

1987 wurde das Streckengleis von der Reede bis zum Inselort erneuert. Zwei Jahre später unternahm man den Versuch, Kosten einzusparen. Aus diesem Grund baute man das zweite Gleis auf dem Streckenabschnitt von der Reede (km 2,7) bis zum sogenannten Weertsgatt (km 6,9) aus und führte den Betrieb dort eingleisig weiter. Diese Maßnahme bewährte sich jedoch nicht, da die Züge Anschlüsse zu den gezeitenabhängigen Fährverbindungen herstellen mussten und sich die Betriebsabwicklung im eingleisigen Betrieb als sehr störanfällig erwies. Das überrascht nicht – wie die beiden Autoren meinen –, denn ein eingleisiger Eisenbahnbetrieb auf einer stark frequentierten Strecke geht immer mit Problemen und vor allem Verspätungen einher. Beste Negativbeispiele sind die Marschbahn und andere (rückgebaute) eingleisige Strecken der Deutschen Bahn. Im selben Jahr begannen die Neugestaltung des gesamten Bahnhofsbereichs sowie der Neubau der Nordseite des alten Hafens. Mehr als eine halbe Million Passagiere zählte die BKB zu diesem Zeitpunkt pro Jahr.

Die Gleise der Ostlandbahn sind in diesem Bereich am 13. August 1986 zwar bereits verschwunden, trotzdem lässt sich die ehemalige Marine-Wertstatt Barbaraweg, die bis 1958 genutzt wurde, gut erkennen.

Am 12. August 1986 präsentiert sich die alte Wagenhalle der Borkumer Kleinbahn, hinter der heute das schöne Erlebnisbad „Gezeitenland" zu finden ist, in einem heruntergekommenen Zustand.

Dort, wo man heute den zentralen Parkplatz der Ortschaft Borkum findet, befand sich am 20. August 1986 auch schon ein Parkplatz, auf dem die Reste einer Gleiswaage zu sehen sind. Rechts verläuft die zweigleisige Strecke der Inselbahn in einer lang gezogenen Linkskurve.

Dieser Güterschuppen, den man von der Reede aus sehen kann, wurde früher unmittelbar von der Inselbahn bedient.

Auf beiden Seiten des Schuppens lagen früher Gleise und am Ende des kleinen Güterbahnhofs – kurz vor der Kaimauer – befand sich sogar ein Bockkran, um die Güter von den Schiffen zu entladen. Reststücke der Gleise sieht man dort auch heute noch. Auch zum neuen Hafen führte ein Gleis, das aber heute nicht mehr zu sehen ist.

Erfolgreiche Bahn mit Zukunft

Der stetig wachsende Tourismus führte in den folgenden Jahren dazu, dass kräftig in die Bahn investiert wurde. So erhielt etwa der Bahnhof Borkum 1991 ein neues Empfangsgebäude, in dem Verwaltung, Betriebsleitung, Fahrkartenausgabe und Gepäckabfertigung untergebracht sind. Ein Jahr später erfolgte der Umbau des alten Empfangsgebäudes zum ortszentralen Geschäftszentrum mit überdachten Glaspassagen.

1993 wurde das zweite Gleis zwischen Reede und Weertsgatt wiederaufgebaut. Zudem erfolgten die Erneuerung und teilweise Wiederherstellung der zweigleisigen Hauptstrecke, der Ausbau des Haltepunktes Jakob-van-Dyken-Weg, die Verlängerung der Bahnsteiganlagen am Hafen sowie die Erweiterung der alten Waggonhalle auf vier Gleise, die jeweils 84 Meter lang waren. Im November 1993 wurden die Kleinbahntrasse und der historische Fahrzeugpark vom Institut für Denkmalpflege Hannover als erstes mobiles Kulturdenkmal in Niederachsen eingestuft.

Am 25. März 1994 konnten zwei nagelneue Zuggarnituren mit jeweils neun Waggons (acht Personen- und ein Gepäckwagen) sowie die drei neuen Schöma-Dieselloks „Hannover", „Berlin" und „Münster" in Anwesenheit des niedersächsischen Verkehrsministers Dr. Peter Fischer und der Borkumer Bürgermeisterin Gisela Schütze in Betrieb genommen werden. Die Waggons verfügen über Scharfenberg-Kupplung und erstmalig über eine durchgehende Druckluftbremse und sind für 50 km/h zugelassen. Seit diesem Zeitpunkt rollen die Züge auch wieder ganzjährig. Um das recht gefährliche Umsetzen an der Reede vor allem bei starkem Fahrgastandrang zu vermeiden, wurde bei Schöma eine vierte Diesellok „Aurich" bestellt und im April 2007 in Betrieb genommen. Am 26. Juli desselben Jahres erfolgte die offizielle Aufnahme des Wendezugbetriebs auf Borkum, wobei jeder der beiden Wagenparks mit jeweils einer Diesellok an der Spitze und dem Schluss des Zuges bestückt wird.

Seit dem 25. März 1997 dürfen nach offizieller Genehmigung der Landeseisenbahnaufsicht und des niedersächsischen Ministers für Wirtschaft, Technologie und Verkehr wieder Dampfzüge auf Borkum fahren. Am 4. Dezember desselben Jahres wurde der BKB für die vorbildliche Restaurierung der Dampflok „Borkum" (ex Dollart) und des „Kaiserwagens" der Denkmalpflegepreis der niedersächsischen Sparkassenstiftung verliehen. Die Lok steht dem historischen Verkehr zur Verfügung; ein Jahr später folgte die Restaurierung des Wismarer Schienenbusses T1. 1998 gelang es der BKB zudem, die letzten Grundstücke, die bis dato vom Land Niedersachsen lediglich in Erbpacht gehalten wurden, käuflich zu erwerben.

Im Sommer 2006 wurden umfangreiche Bauarbeiten an der Infrastruktur vorgenommen. So erhielt der Haltepunkt Jakob-van-Dyken-Weg neue Bahnsteige und Wartehäuschen. Im Winter 2007/08 wurde das aus den 1980er-Jahren stammende östliche Gleis komplett erneuert und mit schwererem Profil und Betonschwellen in Schotterlage versehen. Im Winter 2013/14 erhielt auch das westliche Gleis neue Betonschwellen und wurde eingeschottert.

Die Inselbahn wird heute von der Borkumer Kleinbahn und Dampfschifffahrt GmbH betrieben und blickt dank steigender Urlauber- und mithin Fahrgastzahlen auf eine rosige

Zukunft. Die einzige noch verbliebene Strecke ist etwa 7,5 Kilometer lang und führt vom Inselbahnhof inmitten der Ortschaft zur Reede, wo die Fahrgäste direkt auf die Schiffe der AG Ems umsteigen können. Die Strecke ist durchgehend zweigleisig und für Gleiswechselbetrieb ausgelegt, wobei im Normalbetrieb im Rechtsverkehr gefahren wird. Durch Trapeztafeln ist die Strecke in Blockstellen eingeteilt. Die Einfahrt in den jeweils nächsten Block wird in Absprache zwischen Zugleitstelle und Triebfahrzeugführer mittels Sprechfunk erteilt. Nahezu alle Bahnübergänge sind technisch gesichert, wobei Lichtzeichenanlagen und Halbschranken über Induktionsschleifen von den Zügen selbst geschaltet werden. Kurz vor der Reede durchquert die Strecke den Außendeich der Insel – bei einer Sturmflut kann das Deichtor geschlossen werden. Die modernen Züge – bestehend aus vierachsigen Personen- und einem Gepäckwagen – verkehren mit jeweils einer Diesellok an den Enden, damit ein zeitaufwändiges Umsetzen an den Endbahnhöfen vermieden werden kann. Zusätzlich zum Regelverkehr wird in der Saison planmäßig einmal in der Woche eine Fahrt mit dem Wismarer Schienenbus – genannt „Schweineschnäuzchen" – und in der Regel an einem Samstag oder Mittwoch eine Fahrt mit dem Nostalgiezug, bespannt mit der Dampflokomotive „Borkum III", angeboten. Die Kleinbahn hat etwa 40 Beschäftigte und befördert jährlich einschließlich des Busverkehrs etwa eine Million Fahrgäste.

Um sich für zukünftige Herausforderungen zu wappnen, wird in den Jahren 2023 und 2024 kräftig gebaut. So werden an den Bahnhöfen am Jakob-van-Dyken-Weg und an der Reede jeweils die Bahnsteige erhöht, um den Reisenden einen komfortablen und barrierefreien Ein- und Ausstieg zu ermöglichen. Die Bauarbeiten dazu laufen seit dem 9. Januar 2023 und sollen gegen Ostern 2024 abgeschlossen sein. Dann werden die neuen Bahnsteige rund 70 Zentimeter höher sein als zuvor. Zusätzlich wird an der Reede ein drittes Gleis auf der anderen Seite des Bahnsteiges errichtet, um noch mehr Züge fahren und Fahrgäste befördern zu können. Kraftfahrzeuge müssen im Rahmen der Verladung zukünftig dieses dritte Gleis überqueren, um auf die Schiffe zu gelangen. Kurz vor dem Ende der Reede bzw. dem Beginn der Nordsee laufen alle drei Gleise zusammen, sodass an dieser Stelle im Notfall oder bei Sonderzügen noch Lokomotiven umsetzen können.

Die einzelnen Strecken der Borkumer Kleinbahn	In Betrieb
Pferdebahn Verladestelle „Am Hopp" bis Baustellen	1879 bis 1888
Stammstrecke Fähranleger/Reede bis Ortschaft Borkum	1888 bis heute
Nordstrandbahn	1888 bis 1953
Ehemalige Militärwerkstätten/-anschlüsse	1908 bis 1956
Schlütergleis	1944 bis 1948
Ostlandbahn (mit zahlreichen Gleisanschlüssen)	1911 bis 1947

Von der Reede aus kommend, passiert der moderne Wendezug der Borkumer Kleinbahn am Nachmittag des 27. Juli 2020 gleich das Deichtor, das im Falle einer Sturmflut geschlossen werden kann.

10000 ⛴ Emden Außenhafen – Nordseebad Borkum ↓ 10000

Borkumer Kleinbahn und Dampfschiffahrt GmbH,
Postfach 1266, 26738 Nordseebad Borkum, ☎ (04922) 3090, Telefax (04922) 30934
und Reederei AG „Ems",
Postfach 1154, 26691 Emden, ☎ (04921) 8907-22, Telefax (04921) 890742

Zugverbindungen	siehe Tabelle
zwischen Emden Außenhafen und Emden Hbf	396
Emden Hbf – Rheine – Münster	395
Emden Hbf – Oldenburg – Bremen	390

Schiffsverkehr

Fahrzeit: Katamaran etwa 60 Minuten, Autofähre etwa 2 Stunden (Hafen zu Hafen)

Verkehrs-zeitraum	Hinfahrt Emden Außenhafen ab		Rückfahrt Borkum Bf ab [31]	
	Katamaran-Schnellverbindung MS „NORDLICHT" [32]	Autofähre	Katamaran-Schnellverbindung MS „NORDLICHT" [32]	Autofähre
28.V. bis 3.IX.1995	10 00 ①, ⑦ 12 30 ①, ⑥ 15 30 ④, ⑤ 18 40 ⑦, auch 5.VI.	8 00 11 00 14 00 17 00	6 40 ④ [B] 10 50 ①, ⑥ 12 20 ④, ⑤ 13 50 nur 5.VI. 16 50 ⑦ 19 30 ⑦, auch 5.VI.	7 50 10 50 13 50 16 50
4.IX. bis 22.X.1995	7 00 ①, nicht 2.X. 11 00 täglich 14 00 Ⓜ 15 30 ⑤ 18 40 ⑦	8 00 11 00 Ⓚ 14 00 17 00	6 40 ④ [B] 7 50 ①, nicht 2.X. 12 20 ① bis ⑥ 15 00 Ⓜ 16 50 ⑤, ⑦ 19 30 ⑦	7 50 10 50 Ⓚ 13 50 16 50
23.X. bis 21.XII.1995	7 00 ① 11 00 ①, ④, ⑤, ⑥ 14 30 ⑦ 15 30 ⑤	8 00 15 30 ① bis ④ und ⑥ 17 00 ⑤, ⑦	6 40 ④ [B] 7 50 ① 12 20 ④, ⑤, ⑥ 15 30 ⑦ 16 30 ⑤	7 50 13 50 ① bis ⑥ 16 30 ⑦
22.XII.1995 bis 6.I.1996	11 00 ①, ④, ⑤, ⑥, auch 24., 26., 27., 31.XII. 14 00 nur 23.XII. 14 30 ⑦, nicht 31.XII., auch 1., 6.I. 15 30 ⑤	8 00 11 00 nicht 24., 31.XII. 14 00 nur 24., 31.XII. 17 00 nicht 24., 31.XII.	6 40 ④, nicht 28.XII. [B] 12 20 ④, ⑤, ⑥, auch 24. bis 27.XII., 31.XII., 1.I. 15 00 nur 23.XII. 15 30 ⑦, nicht 31.XII., auch 1.I., 6.I. 16 30 ⑤	7 50 13 50 16 30 nicht 24., 31.XII.
7.I. bis 21.III.1996	**Katamaran verkehrt nicht 8.I. bis 29.II.** 7 00 ① 11 00 ①, ④, ⑤, ⑥ 14 30 ⑦ 15 30 ⑤	8 00 15 30 ① bis ④ und ⑥ 17 00 ⑤, ⑦	**Katamaran verkehrt nicht 8.I. bis 29.II.** 6 40 ④ [B] 7 50 ① 12 20 ④, ⑤, ⑥ 15 30 ⑦ 16 30 ⑤	7 50 13 50 ① bis ⑥ 16 30 ⑦
22.III. bis 1.VI.1996	7 00 ①, nicht 8.IV., auch 9.IV., 28.V. 11 00 täglich 14 00 Ⓜ 15 30 ⑤, auch 27.V. 18 40 ⑦, auch 8.IV., 27.V.	8 00 11 00 Ⓛ 14 00 17 00	6 40 ④ [B] 7 50 ①, nicht 8.IV., auch 9.IV., 28.V. 12 20 ① bis ⑥ 15 00 Ⓜ 16 50 ⑤, ⑦, auch 27.V. 19 30 ⑦, auch 8.IV., 27.V.	7 50 10 50 Ⓛ 13 50 16 50

Ⓚ = 9., 16., 23., 29. und 30.IX., 2., 3., 7., 8., 13. bis 16., 20. bis 22.X.
Ⓛ = 23., 24., 25. und 30.III., 5. bis 14.IV., 1., 16., sowie ab 18.V.
Ⓜ = 30.IX., 3. und 14.X., 23.III., 8. und 13.IV., 1. und 16.V.

[31] = Die Schiffe legen etwa 20 Min später ab (Fahrzeit Inselbahn)
[32] = Zuschlagpflichtige Katamaran-Schnellverbindung: Reservierungen (gegen Vorkasse) und Zuschläge nur an den Schaltern der Reederei und der Borkumer Kleinbahn
[B] = Busverkehr ab Bahnhof über die öffentlichen Haltestellen

Flugverkehr

OFD Ostfriesischer Flugdienst GmbH & Co.,
Flugplatz, 26721 Emden, Telefon (04921) 89920,
Telefax (04921) 899222

Emden – Nordseebad Borkum

Verkehrs-zeitraum	Hinflug Emden Flugplatz ab	Rückflug Borkum Flugplatz ab
26.III. bis 23.IX.1995 und 31.III. bis 27.X.1996	7 30 täglich 8 30 täglich 10 30 täglich 13 30 täglich 16 30 täglich 18 00 täglich	8 00 täglich 9 30 täglich 12 30 täglich 15 30 täglich 17 30 täglich 18 30 täglich
24.IX. bis 29.X.1995 und 1.II. bis 30.III.1996	8 00 ① bis ⑤ 9 00 ⑥ und ⑦ 10 30 ① bis ⑤ 13 30 täglich 16 30 täglich	8 30 ① bis ⑤ 9 30 ⑥ und ⑦ 12 30 ① bis ⑤ 15 30 täglich 17 00 täglich
30.X.1995 bis 31.I.1996	8 00 ① bis ⑤ 9 00 ⑥ und ⑦ 10 30 ① bis ⑤ 13 30 täglich 15 45 täglich	8 30 ① bis ⑤ 9 30 ⑥ und ⑦ 12 30 ① bis ⑤ 15 00 täglich 16 15 täglich

Flugbetrieb am 24., 31.XII. bis 13 Uhr; 25.XII. kein Flugbetrieb; 26.XII., 1.I. ab 14 Uhr

Flugdauer:
Planmäßig 15 Minuten.
Zwischen Emden Hbf und Emden Flugplatz Taxenverbindung; Fahrtdauer 15 Minuten.

Erläuterungen:
Durchgehende Abfertigung von Reisenden einschl. des Transfers zwischen Emden Hbf und Emden Flugplatz.
Durchgehende Abfertigung von Reisegepäck nur über die Schiffsverbindung ab Emden Außenhafen.
Die Flugstrecke muß gebucht werden.
Telefon (04921) 89920,
Telefax (04921) 899222.

Tarife:
ein Flug = 80,– DM Verbund Schiff/Flugzeug = 105,– DM

Auszug aus dem Kursbuch der Deutschen Bundesbahn aus dem Jahr 1995/96 mit dem Schiffsfahr- und Flugplan zwischen Emden und Borkum.

Abdruck einer Karte mit Teilen von Ostfriesland und den ostfriesischen Inseln aus dem Kursbuch der Deutschen Bundesbahn von 1965. ▸

Ostfriesische
Norderney
Baltrum
Langeoog
Juist
Memmert
Sand
Borkum
J.
1000 c
1000 d
1000 e
1000 b
Mole
Bensersiel
Borkum (Nordseebad)
Norddeich
221 g
Esens
(Ostfriesl)
Reede
Norden
1000 a
223
223 c
Aurich
R.
Ems
223/c
Emden West
E. Außenhfn. 223b
E. Süd
Delfzijl
223
Der
Dollart
Neermoor
Leer
(Ostfrl)
221a
Nieuwe Schans
221a
Zuidbroek
H7
Weener
Ihrhove
Papenbg.
(Ems)
223
220d
Friesoyth

Am Haltepunkt Jakob-van-Dyken-Weg wird am 12. November 2023 die Erhöhung des Bahnsteiges vorbereitet. Nach Abschluss der Umbauarbeiten werden die Bahnsteige eine Höhe von etwa 70 Zentimetern haben (vorher etwa 15 Zentimeter). Reisende können dann viel bequemer Zu- und Aussteigen.

Im Zusammenhang mit den Bauarbeiten an den Bahnsteigen wurde an der Reede auch ein drittes Gleis verlegt, um den steigenden Fahrgastzahlen Rechnung zu tragen. So können künftig drei Züge der Inselbahn zeitgleich im Hafen Fahrgäste aufnehmen.

Nun werden alle drei Gleise mittels zweier Weichen kurz vor dem Hafenbecken zu einem kurzen Ausziehgleis zusammengeführt, wodurch die beiden älteren Bestandsgleise etwas an Länge verlieren. ▸

Vor dem Umbau verfügte die Reede über zwei Gleise mit Bahnsteig. Ein Umfahren des Zuges für Dampf- und Diesellokomotiven war über ein kurzes Ausziehgleis möglich, das unmittelbar vor dem Hafenbecken endete.

ANLEGER 1
MÜNSTER

Am 31. Mai 2018 steht am Hafenbahnhof Lok „Münster" (intern „Münster III") an der Reede und wartet auf die Fähre, deren Fahrgäste in Kürze in den Zug umsteigen werden.

Blick in die Werkstatt der Borkumer Kleinbahn vor Saisonbeginn 2023.

Unterschiedliche Fahrkarten der Borkumer Kleinbahn aus den Jahren 2009 und 1997.

2

Historische und moderne Fahrzeuge

Die Borkumer Kleinbahn hält einen sehr gepflegten Park historischer und moderner Fahrzeuge vor. Spannend ist vor allem, dass noch bis vor rund 30 Jahren Personenzüge der Inselbahn alleine durch die Lok und eine Handbremse im Gepäckwagen gebremst wurden. Im Rahmen eines Investitionsprogramms 1993/94 wurden drei neue Dieselloks und zwei Wagengarnituren mit jeweils acht Reisezugwagen und einem Gepäckwagen mit durchgehender Druckluftbremse beschafft – 2007 kam eine vierte baugleiche Lok hinzu. Heute tragen die vier roten Diesellokomotiven „Hannover", „Berlin", Münster III" und „Aurich" die Hauptlast des Verkehrs. Ältere Dieselloks, eine Dampflok sowie ein Triebwagen stehen für Sonderfahrten zur Verfügung.

In unterschiedlichen Farben präsentieren sich die schönen Fahrzeuge der Traktionsarten Diesel und Dampf der BKB vor der hauseigenen Werkstatt.

Dampfbetrieb einst und jetzt

Nicht nur aus der Sicht von Bahnfans war die Wiederinbetriebnahme der Dampflok „Dollart“ besonders erfreulich. Diese kleine, zweiachsige Maschine, die heute der Stolz der AG Ems ist, rostete über 20 Jahre lang auf einem Podest vor sich hin. Sie war recht modern, denn sie stammte aus dem Jahr 1940. Nur 22 Jahre, bis 1962, tat sie Dienst auf der Inselbahn und wurde 1978 als Denkmal aufgestellt. Im Dampflokausbesserungswerk Meiningen, das auch heute noch erfolgreich für die Unterhaltung von Dampflokomotiven zahlreicher Touristikbahnen zuständig ist, wurde sie 1996 aufgearbeitet und modernisiert. Sie erhielt einen Kessel für Leichtölfeuerung mit Dampfzerstäubung. Außerdem wurde sie auf Heißdampfbetrieb umgerüstet und kann im Vergleich zu den eingesetzten Dieselloks sogar hinsichtlich ihrer Umweltbilanz punkten. Seit 1997 tut sie Dienst unter dem Namen „Borkum“ und kommt vor dem Museumszug und auch vor Planzügen in den Sommermonaten fast täglich zum Einsatz.

Obwohl schon seit den 1940er-Jahren Dieselloks und Triebwagen auf der Insel beheimatet sind, konnte sich der Dampfbetrieb recht lange halten. Bis 1968 waren Dampfloks in der Hauptsaison unverzichtbar. Noch 1974 stand die letzte Dampflok „Borkum“, die nicht identisch ist mit der jetzt eingesetzten Dampflok gleichen Namens, als Betriebsreserve zur Verfügung.

Dampflokomotiven der Borkumer Kleinbahn

Name/ Bezeichnung	Hersteller	Fabriknummer	Baujahr/Übernahme	Verbleib	Bauart	Leistung
Melitta	Krauss	631	1888	1925 verkauft, wahrscheinlich verschrottet	B-n2t	45 PS
Borkum	Krauss	1933	1888	1925 verkauft, wahrscheinlich verschrottet	B-n2t	50 PS
Moritz	Maschinenfabrik und Eisengießerei Darmstadt	67	Inbetriebnahme nicht genau bekannt, erwiesen auf Borkum vorhanden seit 1899	1911, verschrottet	B-n2t	60 PS
Emden	Hohenzollern	2037	1906	verschrottet	B-n2t	60 PS
Aurich	Hohenzollern	2039	1906	1952 verschrottet	B-n2t	60 PS
Münster	Hohenzollern	4509	1906	verschrottet	B-n2t	80 PS
Leer	O&K	10925	1925	1944 bei einem Bombenangriff zerstört	B-n2t	90 PS
Borkum	O&K	13051	1937	1968 ausgemustert	B-n2t	110 PS
Dollart, ab 1997 Borkum	O&K	13571	1941	Museumsfahrzeug	B-n2t	110 PS

Das Personal der Dampflok „Borkum", bei der es sich nicht um die heutige Museumslok handelt, hat sich für den Fotografen Henry Grabowsky, der ja zugleich ihr oberster Chef ist, in Position gebracht.

BORKUM
BR.GEW.:11T
HU:28.03.13
BR3:28.03.13
Privatwegübergang
Nur für Berechtigte

Dampflok „Borkum" macht sich mit ihrem Sonderzug, der unter anderem aus den historischen Weyer-Wagen mit den Nummern 48, 101, 104 und 44 besteht, am 27. Juli 2014 auf den Weg zur Reede.

Dampflok „Aurich" wird von ihrem Heizer stolz präsentiert.

So sah der Verkehr an der Reede vor rund 65 Jahren aus.

Am 20. Juni 2015 verlässt Dampflok „Borkum“ mit sehenswerter Dampffahne den Inselbahnhof und passiert die Werkstatt.

Abendliche Stimmung mit der Dampflok „Borkum“ an der Reede.

Ein besonderes Ereignis stellte der Besuch der „Molli“-Dampflok 99 331 von der Ostseeküste im Jahr 2019 dar.

Mit weißer Rauchfahne zieht die schöne Dampflok „Borkum" ihren Sonderzug aus dem Bahnhof der Ortschaft Borkum und wechselt dabei auf das in Fahrtrichtung rechte Gleis.

Schienenbusse schreiben Bahngeschichte

Schienenbusse sind seit 1937 auf Borkum im Einsatz. Sie gehören zur Gattung der Triebwagen, sind aber in der Regel leichter und günstiger in der Anschaffung. Erste Schienenbusse entstanden aus umgebauten Omnibussen, die man mit Eisenbahnrädern ausstattete.

Alles begann mit dem Triebwagen 3 (T3), der im Zweiten Weltkrieg von der Wehrmacht beschafft und nach Kriegsende 1947 an die Borkumer Kleinbahn verkauft wurde. Er wurde von der Firma Draisinenbau Berlin erbaut und bereits 1961 verschrottet.

Am 10. April 1939 erhielt das Reichsluftfahrtministerium (RLM) für die deutsche Luftwaffe zum Einsatz bei der Fliegerhorst-Kommandantur einen neuen Triebwagen der Bauart „Hannover E" und der Bezeichnung T2 von der Firma Waggonbau Wismar. Er kam vor und während des Zweiten Weltkriegs auf der Ostlandbahn und als Verbindungsfahrzeug auf den Gleisen der BKB zum Einsatz. Nach Kriegsende gelangte er zur BKB und wurde 1978 an den Deutschen Eisenbahn-Verein e. V. (DEV) in Bruchhausen-Vilsen verkauft, der ihn auf 1.000 Millimeter umspuren wollte, was wegen eines zu engen Wagenkastens misslang. T2 gelangte dann zur Museumsbahn „Öchsle" und wurde 1986 auf 750 Millimeter umgespurt. Nach diversen Weiterverkäufen ist der Aufenthalt zurzeit ungeklärt.

1940 erhielt die Borkumer Kleinbahn den bereits 1936 und mithin vor Kriegsbeginn für den Betrieb auf der Nordstrandbahn bestellten T1. Er stammt – wie auch T2, der ebenfalls ab 1949 auf der Nordstrandbahn im Einsatz war – aus Wismar und kann der Bauart „Hannover D" zugeordnet werden. Bis 1976 wurde T1 planmäßig auf der Strecke der Inselbahn eingesetzt – bis 1971 sogar zusammen mit T2 in einem Zug, wobei zwischen beiden Triebwagen ein Beiwagen gekuppelt wurde. Zwischen 1977 und 1997 befand sich T1 nicht auf Borkum. Nach dem Verkauf an die Deutsche Gesellschaft für Eisenbahngeschichte (DGEG) kam der Triebwagen zunächst zur Jagsttalbahn und später nach Vierheim, bevor er von der BKB zurückgekauft wurde. Heute steht T1 als prachtvoll gepflegtes Museumsfahrzeug unter dem Spitznamen „Schweineschnäuzchen" für Sonderfahrten zur Verfügung.

Schienenbusse der Borkumer Kleinbahn

Name/ Bezeichnung	Hersteller	Fabriknummer	Baujahr	Verbleib	Bauart	Leistung
T1	Wismar	21145	1940	Museumsfahrzeug	A1-dm	2 x 50 PS; ab 1998 2 x 54 PS
T2	Wismar	21123	1939	1978 verkauft	A1-bm	2 x 50 PS
T3	Draisinenbau Berlin		1937	1947 von der Wehrmacht gekauft; 1961 verschrottet	A1-bm	

Für Fahrten des Personals war in den 1950er-Jahren die kleine Draisine T3 zuständig. Auch Henry Grabowsky nutzte sie, als er noch kein Auto besaß.

Am 3. Mai 1975 steht T1 vor dem Betriebswerk der Kleinbahn. Zwei Jahre später wurde er an die DGEG verkauft und kam erst 20 Jahre später nach Auflösung der DGEG-Schmalspursammlung im Jahr 1997 zurück nach Borkum. Typisch für die Zeit ist die Jägermeister-Reklame an den Seiten des Fahrzeugs, die auch bei Inselbahnen wie der Sylter Inselbahn zu sehen war.

Die Draisine T3 wurde nicht zur planmäßigen Personenbeförderung eingesetzt, sondern stand der Kleinbahn für Streckenkontrolle und Personalfahrten zur Verfügung.

Wieder ein sorgfältig komponiertes Foto von Henry Grabowsky. Triebwagen 3 und Diesellok „Leer" sind offenbar zu Arbeitszwecken auf der Ostlandbahn eingeteilt, während Vater und Sohn die beiden schönen Fahrzeuge bestaunen.

Mitte der 1950er-Jahre dürfte dieses Foto von Henry Grabowsky entstanden sein. Hinter dem grün gestrichenen „Schweineschnäuzchen" sehen wir Dampfschiff „Hessen", das nach 1958 zu einem Diesel betriebenen Schiff umgebaut wurde. Bis 1952 trug das Schiff den Namen „Prinz Heinrich".

Am 19. Juni 2019 warten Lok „Münster" und Triebwagen 1 gemeinsam vor dem Betriebswerk der BKB.

Dieselloks im Betriebsalltag

Die Hauptlast des Verkehrs tragen heute die vier Diesellokomotiven „Hannover", „Berlin", „Münster III" und „Aurich". Sie wurden von Schöma gebaut, verfügen jeweils über zwei angetriebene Achsen und eine Leistung von 180 Kilowatt (245 PS). Abweichend von ihren drei Schwestermaschinen ist die deutlich später gebaute Diesellok „Aurich" mit einem wassergekühlten Dieselmotor und zwei Fahrständen ausgerüstet und verfügt über eine Leistung von 184 Kilowatt (250 PS). Alle vier Loks sind rot lackiert, wobei jede ein andersfarbiges Auspuffrohr aufweist („Berlin": Silber, „Hannover": Rot, „Münster III": Schwarz und „Aurich": Blau). Jeweils zwei von ihnen bespannen im Sandwich die beiden neunteiligen Reisezuggarnituren. Dadurch können Lokumläufe vermieden und Aufenthaltszeiten in den Endbahnhöfen verkürzt werden. Nichtsdestotrotz stehen an den Endbahnhöfen in der Ortschaft Borkum und an der Reede – auch nach deren Umbau – Ausziehgleise zur Verfügung, um Lokomotiven im Bedarfsfall umsetzen zu können.

Darüber hinaus sind die drei älteren Dieselloks „Leer II", „Münster II" und „Emden III" noch im Dienst, wobei Letztere in der Hauptsaison regelmäßig zu Spitzenzeiten einen Verstärkungszug zieht, der aus historischen Wagen besteht.

Diesellokomotiven der Borkumer Kleinbahn

Name/ Bezeichnung	Hersteller	Fabriknummer	Baujahr/ Übernahme	Verbleib	Bauart	Leistung
Leer II	DWK	551	1935	im Dienst	B-dm	54 PS
Emden II	Henschel	25955	1942	1988 an DEV	B-de	80 PS
Münster II	Schöma	1989	1957	im Dienst	B-dh	112 PS
Emden III	Schöma	3222	1970, 1988 gekauft	im Dienst	B-dh	230 PS
Berlin	Schöma	5342	1993	im Dienst	B-dh	245 PS
Hannover	Schöma	5343	1993	im Dienst	B-dh	245 PS
Münster III	Schöma	5385	1994	im Dienst	B-dh	245 PS
Aurich	Schöma	6073	2007	im Dienst	B-dh	250 PS

Am 1. Mai 1982 posiert die heute mit rund 90 Jahren immer noch im Dienst stehende Diesellok „Leer" (intern „Leer II") vor der neuen Borkumer Betriebswerkstatt.

Die Farbe steht ihr gut, jedoch erinnert Lok „Leer" stark an eine Spielzeuglok, als sie am 2. August 1986 vor dem Betriebswerk zu bestaunen ist. Bis in die 1970er-Jahre hinein war sie noch regelmäßig im Einsatz und beförderte trotz ihrer geringen Leistung von 55 PS lange Züge über die Insel.

Damals waren die Dieselloks noch gelb – das ist der erste Gedanke, wenn man sich dieses Bild anschaut. Im Sommer 1993 muss erst ein Zug die Reede „räumen", bevor der nächste dahin vorsetzen darf.

Lok „Emden III" im Jahr 2015 mit farbigen Zierstreifen um den Auspuff. Die schöne Schöma-Maschine kam 1988 auf die Insel und war bis 1994 die modernste und leistungsstärkste Lok der Inselbahn.

Andere Farbe, aber identische Zierstreifen. Schon 1993 verfügte Diesellok „Emden III" über dieses charakteristische Erkennungsmerkmal.

Am 9. Juli 1994 präsentiert sich „Emden III", die erst sechs Jahre zuvor gebraucht von Schöma übernommen wurde, am Anleger.

Ob das Farbkleid der Diesellok auf die allgegenwärtige Jägermeister-Werbung abgestimmt wurde oder es sich um einen reinen Zufall handelt, kann durchaus diskutiert werden, wenn man sich Lok „Münster" und ihren Wagenpark im April 1982 anschaut.

Am 11. September 1990 steht Lok „Münster" in der Ortschaft Borkum zur Abfahrt bereit. Links wird am neuen Gebäudekomplex gearbeitet.

Mitte der 1990er-Jahre zeigt sich ein identisches Bild: Lok „Münster“ mit ihrem „Jägermeister-Zug“ an der Reede. Auf diesem Bild zeigt sich, dass die Farben von Lok und Reklame doch nicht so ähnlich sind.

Noch ohne Fahrgäste zeigt sich der Wendezug der Inselbahn am 16. Juni 2015 an der Reede.

Am 30. April 1982 werden die mit der Emden-Fähre auf Borkum eintreffenden Gäste mit Regen empfangen. Lok „Münster" sorgt mit ihrem bereitstehenden Personenzug zum Dorfbahnhof für den Weitertransport der Reisenden.

Was für eine herrliche Aussicht auf zwei Insel-Highlights – Kleinbahn und neuer Leuchtturm.

◄ Sozusagen rückwärts zieht Diesellok „Münster II" ihren Zug am 19. Juli 1997 in Richtung Reede, während im Hintergrund der Sendemast und der neue Leuchtturm die Kulisse bereichern.

Diesellok „Aurich" wartet mit ihrem Wendezug an der Reede. Hier wurden die Gleisanlagen 2023 umgestaltet, ein drittes Gleis wurde auf der hinteren Bahnsteigseite gebaut. Alle drei Gleise laufen nun unmittelbar vor der Kaimauer zu einem Stumpfgleis zusammen, sodass Lokomotiven noch umsetzen können.

Personen- und Güterwagen sowie Infrastruktur

Auf Borkum verkehrt heute eine Vielzahl sehr gepflegter, moderner und historischer Reisezugwagen. Die zwei aus acht Reisezugwagen und einem Gepäckwagen bestehenden Einheiten, die den täglichen Regelverkehr bestreiten, wurden von der Firma Waggonbau Bautzen, die heute zum Schienenfahrzeughersteller Alstom gehört, gefertigt und in den Jahren 1993/94 in Dienst gestellt. Abweichend von der bisherigen Kupplungsart wurden diese Wagen erstmalig mit einer Scharfenberg-Kupplung ausgerüstet und in unterschiedlichen Farben lackiert. Die gelb-lackierten Waggons verfügen über eine Bremse und ein Zugschlusssignal – alle anderen hingegen nicht. Die beiden Gepäckwagen sind jeweils mit einem Abteil und einer Zugangsmöglichkeit für Rollstuhlfahrer, Kinder- und Bollerwagen versehen, die über eine Rampe an der Seite der Wagen Zugang zu diesen haben. 2020 hat man einen weiteren Personenwagen in der Werkstatt der Borkumer Kleinbahn gefertigt.

Neben diesen beiden Garnituren gibt es einen dritten Zug, der als Verstärkung in Spitzenzeiten eingesetzt wird. Er wird aus den heute noch erhaltenen sieben von ursprünglich zehn vierachsigen Personenwagen, die in den Jahren 1908 bis 1928 von den Firmen Weyer, HAWA und der Waggonfabrik Oldenburg gebaut wurden, sowie einem der beiden Altbau-Gepäckwagen mit den Nummern 39 oder 48 gebildet.

Der Nostalgiezug, der bei besonderen Anlässen von der zweiachsigen Dampflok „Borkum III" gezogen wird, besteht aus einem vierachsigen Marinewagen (Wagen 1), einem zweiachsigen Marinewagen (Wagen 2), einem zweiachsigen Personenwagen aus dem Jahr 1889 (Wagen 17), einem vierachsigen Personenwagen aus dem Jahr 1925, der 2016 renoviert wurde (Wagen 18), dem zweiachsigen Salonwagen „Kaiserwagen" aus dem Jahr 1905 (Wagen 38), einem Wagen, der 2008 im Gegensatz zu den anderen Polsterbänke erhielt (Wagen 42), sowie einem Bistrowagen, der einen eigenen Generator und eine Theke bekam (Wagen 45).

Der Bestand an Güterwagen umfasst zwei gedeckte, zweiachsige Güterwagen (Wagen 33 und 55), zwei vierachsige Flachwagen (Wagen 60 und 62) und einen zweiachsigen Flachwagen, der im Jahr 2007 aus dem Packwagen 9 zurückgebaut wurde. Die Wagen werden für (Gleis-) Bauarbeiten verwendet und sind alle mit der traditionellen Kupplung der Borkumer Kleinbahn ausgerüstet, die aus einem mittigen Kupplungshaken besteht, der von zwei Außenpuffern umrahmt wird. Seit 2007 ist zudem ein Trichterwagen der Kerkerbachbahn auf Borkum im Einsatz, der für gelegentlich erforderliche Schottertransporte Verwendung findet.

Der dreigleisige Lokschuppen sowie die dreigleisige Werkstatt der Borkumer Kleinbahn befinden sich am südlichen Bahnhofskopf in der Ortschaft Borkum. In der Werkstatt werden sämtliche Fahrzeuge der BKB gewartet und aufgearbeitet. In Werkstatt und Lokschuppen fahren die Fahrzeuge dabei ausschließlich aus Richtung der Ortschaft ein. Weiter in Richtung Hafen befindet sich – jedoch getrennt durch die Westerstraße – die viergleisige Wagenhalle mit einem kurzen Freiluft-Abstellgleis, in der etwa die täglich benötigten Reisezuggarnituren über Nacht abgestellt werden.

Die Einfahrt in die Wagenhalle kann nur von der anderen Seite, die der Reede zugewandt ist, erfolgen. Die Fahrt zwischen Lokschuppen bzw. Werkstatt und Fahrzeughalle ist daher nur mit zweimaligem Richtungswechsel und Nutzung des Streckengleises möglich.

Der Kenner hat es am Auspuff erkannt: Lok „Emden III" erreicht mit ihrem zusätzlichen Zug am 27. Juli 2014 den Bahnhof der Ortschaft Borkum.

Am 19. Juli 1997 rangiert Lok „Münster" einen Wagenpark in die neue Wagenhalle. Der Betrieb der Inselbahn endet gegen 18 Uhr. Im Hintergrund ist das Kurhaus zu sehen. ▸

Der historische Bistrowagen der Bauart Weyer mit der Nummer 45 ist am 27. Juli 2014 an der Reede abgestellt und dient dort als Café.

Jeden Morgen gegen 7 Uhr und jeden Abend um 18 Uhr rangieren die Dieselloks die Waggons aus bzw. in die Wagenhalle.

Lok „Münster" am 8. Oktober 2021 bei einem Werkstattaufenthalt. ▸

Am Bahnübergang Von-Frese-Straße begegnet dem Fotografen am 17. Juni 2018 Lok „Emden“, die den zusätzlichen Wagenpark in Richtung Hafen zieht. Vom Ferienhaus „Brillant“ in der Deichstraße hat man übrigens einen fantastischen Blick auf die Strecke.

Reisezugwagen, die 1993 vom Waggonbau Bautzen geliefert wurden

Betriebsnummer	Bezeichnung	Fabriknummer	Farbe/Bemerkungen
201	Woldedünen	01/93	Gelb
202	Greune Stee	02/93	Rot
203	Fischerbalje	03/93	Blau
204	Steerenklip	04/93	Purpur
205	Ostdünen	05/93	Gelb
206	Upholm	06/93	Rot
207	Waterdelle	07/93	Blau
208	Sturmeck	08/93	Purpur
209	Kobbedünen	09/93	Gelb/Gepäck-Generatorwagen
211	Hoogehörn	11/93	Gelb
212	Kiebitzdelle	12/93	Rot
213	Hopp	13/93	Blau
214	Hohes Riff	14/93	Purpur
215	Olde Dünen	15/93	Gelb
216	Ostland	16/93	Rot
217	Tüskendöör	17/93	Blau
218	Muschelfeld	18/93	Purpur
219	Bantjedünen	19/93	Gelb/Gepäck-Generatorwagen

Auf dem Bild kann man sehr schön die sich abwechselnden Farben der einzelnen vierachsigen Reisezugwagen sehen, die schon seit nunmehr 30 Jahren ihren Dienst auf Borkum verrichten.

3

Bahn mit ungewöhnlicher Spurweite

Spurweiten von 1.435, 1.000 oder 750 Millimetern kennt jeder Eisenbahnfreund. Doch eine Spurweite von 900 Millimetern ist in Deutschland und Europa bei Bahnen eher ungewöhnlich, obwohl es einige Vertreter gibt, wie Sie im nächsten Unterkapitel nachlesen können.

Diese ungewöhnliche Spurweite auf Borkum geht auf die im Jahr 1879 in Betrieb genommene Pferdebahn zurück, die als Materialbahn für den Bau des neuen Leuchtturms benötigt wurde. Nach Errichtung des Leuchtturms wurde die Pferdebahn abgebaut. Da man ihre Schienen noch verwenden konnte, dienten sie als Grundstock beim Bau der neuen Inselbahn. Damit war die Entscheidung gefallen, dass man auf Borkum bei einer Spurweite von 900 Millimetern blieb.

900 Millimeter – das ist das recht ungewöhnliche Maß zwischen den beiden innenliegenden Schienenoberkanten auf Borkum.

Auf 900-Millimeter-Spur unterwegs

Die meisten Schmalspurbahnen in Deutschland verkehren auf Spurweiten von 750 oder 1.000 Millimetern. Ersteres gilt zum Beispiel für die sächsischen Schmalspurbahnen oder den Rasenden Roland auf der Insel Rügen. Die Harzer Bahnen sind auf 1.000-Millimeter-Schienen unterwegs, während Feld- und Waldbahnen sich meistens mit 600 Millimetern begnügen. Das seltenere 900-Millimeter-Maß verbindet die Borkumer Kleinbahn und die Bäderbahn „Molli“ auf besondere Weise und ermöglicht den gelegentlichen Austausch von Fahrzeugen, wie es übrigens andere Bahnen mit gleicher Spurweite auch gerne machen. Es sei angemerkt, dass es bedeutende Bahnen im Ausland gibt, die ebenfalls auf 900-Millimeter-Spur unterwegs sind: z. B. die Standseilbahnen in Lissabon oder die Straßenbahnen in Krakau, Alicante oder Linz.

900-Millimeter-Spur-Bahnen in Deutschland

- Amrumer Inselbahn
- Bäderbahn „Molli“
- Borkumer Kleinbahn
- Halligbahn Dagebüll–Oland–Langeneß
- Feldbahn des Sodawerkes Bernburg
- Feldbahn Rühlermoor
- Grubenbahnen Messel
- Zahnradbahn Tagebau Gruhlwerk
- Industriebahn der Nickelhütte St. Egidien
- Industriebahn des Geyseritwerks Usingen
- Kleinbahn Rinkerode–Ascheberg
- Kohlebahn Meuselwitz–Haselbach–Regis-Breitingen
- Schmalspurbahn Neubukow Obere Weiche–Bastorf
- Pfännerschaftliche Kohlebahn
- Rhene-Diemeltalbahn
- Schlebusch-Harkorter Kohlenbahn
- Spessartbahn
- Trümmerbahn Nürnberg
- Wachtlbahn
- Wählitzbahn

Sobald der Zug der Inselbahn die Passagiere des Fährschiffes aufgenommen hat, fährt er sie zur Ortschaft Borkum.

Schienenbus T2 ist hier am 3. Mai 1975 auf dem Streckenabschnitt zwischen dem Borkumer Bahnhof und dem Haltepunkt Jakob-van-Dyken-Weg unterwegs.

Lok „Emden" mit einem Personenwagen als Lokal- und Personalfahrt zwischen dem Haltepunkt Jakob-van-Dyken-Weg und Borkum Bahnhof am 3. Mai 1974.

SCHÖMA

Am 20. August 2009 begegnen sich die Dieselloks „Emden" (in gelber Lackierung) und „Aurich" am Haltepunkt Jakob-van-Dyken-Weg. Passend zum Alter der Loks verkehrt die jüngere auf dem frisch sanierten Gleis, während die ältere sich mit dem noch nicht sanierten „Rasengleis" zufriedengeben muss.

Blick auf den Gleisbogen in Höhe des großen Inselparkplatzes, der zu früheren Zeiten von der Kleinbahn genutzt wurde. Hier lagen bis Anfang der 1970er-Jahre die Gleise des Güterbahnhofs Borkum.

Am 12. Juni 2015 wartet ein Zug der Inselbahn am Bahnhof Borkum auf seine Fahrgäste.

Kurz bevor die Gleise im Straßenplanum an der Reede „verschwinden", erhalten die Züge, die zurück zur Ortschaft Borkum fahren, die Möglichkeit, auf das „richtige" Gleis zu wechseln, da grundsätzlich im Rechtsverkehr gefahren wird.

Am 25. März 2015 steht im Borkumer Hafen die Stopfmaschine „Beaver 700" der Firma Plasser & Theurer, die man vom Verein Kohlebahnen e. V. aus Meuselwitz auf die Insel geholt hat.

Vor der Werkstatt steht ein vierachsiger Schüttgutwagen, der von der Kohlebahn Meuselwitz–Haselbach–Regis-Breitingen übernommen wurde.

Recht trostlos wirkt der Zustand der Reede am 12. September 1990, als Lok „Emden" für die Rückfahrt umsetzt.

Auch die Halligbahn Oland–Langeneß ist auf der Spur von 900 Millimetern unterwegs. Im Leuchtturm kann man übrigens seine Ferien verbringen. Halligbahn-Feeling pur!

Die Fahrzeuge der Halligbahn wirken deutlich kleiner als jene der Borkumer Kleinbahn, obwohl die Spurweite identisch ist.

Fahrzeuge der BKB und des „Molli" im gegenseitigen Besuch

„Molli" auf Reisen – so lautete die Devise im Sommer 2019. Denn erstmals in ihrer mehr als 130-jährigen Geschichte sollte eine der schönen Schmalspurdampfloks außerhalb ihrer heimatlichen Wirkungsstätte an der Ostseeküste auf der Strecke zwischen Kühlungsborn bzw. Heiligendamm und der Münsterstadt Bad Doberan, die von der Mecklenburgischen Bäderbahn Molli GmbH betrieben wird, auf Borkum zum Einsatz kommen. Da beide Bahnen die gleiche Spurweite aufweisen, entstand die Idee eines temporären Fahrzeugtauschs. Ein Jahr später sollte die Borkumer Kleinbahn ihr „Schweineschnäuzchen", den Triebwagen mit der Nummer T1, nach Mecklenburg-Vorpommern ausleihen. Daraus wurde wegen der Corona-Pandemie erst einmal nichts. Doch im September 2023 ist das „Schweineschnäuzchen" nun tatsächlich nach Bad Doberan gekommen.

Der Name „Molli" soll übrigens auf ein besonderes Ereignis zurückgehen, dass sich vor über hundert Jahren abgespielt hat. Eine Dame wollte mit ihrem dicken Mops den Zug besteigen, doch dem Tier gefiel das gar nicht. Es riss sich los und die Dame rief erschreckt: „Molli, bliev stahn!" Das veranlasste den Lokführer, den Zug, der gerade anfuhr, zu stoppen. Und so hatte er seinen Namen weg.

Die Geschichte der Schmalspurbahn begann 1886. Zunächst ging es nur bis Heiligendamm. Erst 1910 wurde die gesamte Strecke in Betrieb genommen und bot bis 1969 sowohl Güter- als auch Personenverkehr. Seit 1974 ist sie als Touristikbahn und seit 1976 als Denkmal der Produktions- und Verkehrsgeschichte in ihrem Bestand gesichert.

Am 1. Oktober 1995 wurde die Mecklenburgische Bäderbahn Molli GmbH gegründet, die aus der DB AG bzw. vorher der Deutschen Reichsbahn der DDR hervorging. Gesellschafter sind der Landkreis Rostock, die Städte Bad Doberan und Kühlungsborn, die GmbH selbst und eine Privatperson. Die Bahn wird als Teil des ÖPNV betrieben, sodass also auch Tickets im deutschlandweiten Netz durchgelöst werden können. So gilt beispielsweise das aktuelle Deutschlandticket auch beim „Molli", man muss aber einen Zuschlag bezahlen.

In Bad Doberan ist der Übergang zur Bahnstrecke Wismar–Rostock möglich. Der „Molli" verbindet Bad Doberan mit den Küstenorten Heiligendamm und Kühlungsborn und überwindet die Strecke von 15 Kilometern in etwa 40 Minuten. Dabei durchfährt er die Stadtmitte von Bad Doberan wie eine Straßenbahn auf Rillenschienen in der Straße und dampft laut bimmelnd dicht an Wohnhäusern, Geschäften und Cafés vorbei.

Die besondere Herausforderung des „Molli"-Besuchs auf Borkum bestand darin, die Dampflok über eine Strecke von etwa 400 Kilometern von der Ost- an die Nordsee zu bekommen. Nach langen Überlegungen hatte man sich für den Einsatz eines Tiefladers entschieden, der die Maschine von Kühlungsborn nach Emden zur dortigen Fähre bringen sollte. Nachdem die Nordsee die richtige Pegelhöhe erreicht hatte, konnte der Tieflader nahezu ohne Neigungswinkel auf die Fähre der AG Ems auffahren. Auf Borkum angekommen, wurde die Dampflok dann bei Schietwetter mittels einer Seilwinde und Schwerkraft zunächst auf ein Hilfs- und anschließend auf eines der Hafengleise der BKB abgeladen. Befreundete Helfer von der sächsischen Pressnitztalbahn waren extra zur Unterstützung des Projektes angereist, um beim Verladen zu helfen.

Der nächste Morgen war ein wunderschöner Sommermorgen auf Borkum. Eine Diesellok schleppte den Planzug zum Anleger in den Bahnhof. Im Lokschuppen war rege Tätigkeit zu beobachten. Es dampfte und zischte. Dann kam „Molli"-Lok 99 331 langsam in schönstem Sonnenlicht an den bereitstehenden Fotografen und Schaulustigen vorbei und setzte sich vor den Zug. Der Lokführer winkte, alle Anwesenden hatten das Gefühl, Zeugen von etwas Besonderem zu sein. Und das zu Recht! Denn 99 331 ist zwar beim „Molli" in Bad Doberan mit ihren vier Achsen die kleinste Dampflok, während die planmäßigen Zuglokomotiven mit einer Vor- und Nachlaufachse deutlich größer und leistungsfähiger sind, doch auf Borkum und im Vergleich zu den dortigen Lokomotiven ist sie ein rechtes Ungetüm, für das der lange Bäderzug kräftemäßig ein Kinderspiel ist. Doch dieses Spiel setzte die Kohle gefeuerte Lokomotive gekonnt in Szene, als sie – dunklen Qualm ausstoßend und schnell Tempo aufnehmend – anfuhr.

Mehr als zwei Jahre Vorbereitungszeit waren für dieses Eisenbahnereignis notwendig. Zwei Wagen mussten mit veränderten Puffern ausgestattet werden, um das Ankuppeln der Dampflok mit dem Borkumer Reisezug zu ermöglichen.

Auch der Gegenbesuch des urigen Borkumer Triebwagens vom 21. September bis zum 3. Oktober 2023 in Bad Doberan fiel schon deshalb besonders auf, weil normalerweise ausschließlich recht lange Dampfzüge auf der Strecke verkehren.

Reiseplan des „Schweineschäuzchens"

- 15.09.: Transport des T1 von Borkum nach Wismar
- 16.09. & 17.09.: Besuch des T1 zum Tag der Schiene im Lokschuppen Wismar
- 18.09.–20.09.: Transport nach Bad Doberan und erste Testfahrten
- 21.09.: Offizielle Eröffnungsfahrt beim „Molli" mit geladenen Gästen
- 22.09.–01.10.: Öffentliche Fahrten mit dem T1 im Schienennetz des „Molli"
- 23.09.: Bahnhofsfest am Bahnhof Kühlungsborn West, 5-Zug-Betrieb mit öffentlichen Fahrten im 100-jährigen Zug und im T1

Die Überführung des T1 von Borkum stellte eine große logistische Herausforderung dar. Der Triebwagen musste mit der Fähre von Borkum zum Festland übergesetzt werden und wurde dann mit einem Schwerlasttransporter auf der Straße über Wismar nach Bad Doberan gebracht.

Vom 21. September bis 3. Oktober 2023 bestand die Möglichkeit, mit dem Schienenbus der Borkumer Kleinbahn im Schienennetz der Mecklenburgischen Bäderbahn Molli zu fahren. Mehrmals täglich verkehrte er dabei auf der Strecke von Bad Doberan nach Kühlungsborn West und zurück. Zwischendurch gab es immer wieder Fotohalte.

Am 25. September 2017 hat der Zug aus Bad Doberan den Endbahnhof Kühlungsborn erreicht. Rechts ist 99 332 zu sehen, die Schwesterlok der Gastlok, die 2019 Borkum besuchte. Sie steht aber nur als Ausstellungsstück im Bahnhof.

Zu Ehren des Besuchs des Triebwagens T1 2023 an der Ostseeküste ist 99 322 mit dem historischen Zug des „Molli" am 23. September 2023 unterwegs und erreicht hier den Haltepunkt Steilküste.

Wie seit vielen Jahrzehnten tingelt „Molli" auch an einem Septembertag 2017 durch die enge Geschäftsstraße von Bad Doberan.

Am 16. September 2019 rollt 99 331 mit ihrem Planzug an den Bahnsteig des einzigen Zwischenhalts, wo sie von etlichen Fahrgästen erwartet wird.

Gastlok 99 331 schleppt ihren Zug von der Reede zum Ort zurück. Die Perspektive der Seitenansicht zwischen den beiden Andreaskreuzen ist sehr gelungen.

Am Nachmittag des 16. September 2019 steht 99 331 abfahrbereit vor einem extra langen Zug im Inselbahnhof. Die Last dürfte für die kräftige Maschine kein Problem darstellen.

Auf dem Abschnitt zwischen Reede und Ortschaft verläuft die Strecke parallel zur Straße.

Mit einem historischen Wagenpark steht 99 331 zur Abfahrt an der Reede bereit. Im Gegensatz zu den Borkumer Maschinen hat man sie mit der Rückseite voraus auf die Schienen gestellt.

Die schöne Maschine wirkt größer und kräftiger als die hauseigenen Fahrzeuge der Borkumer Kleinbahn. Das spiegelt sich auch in der Leistung wider – während es die stärkste Lok „Aurich" der BKB auf 250 PS bringt, erreicht die Heißdampflok 99 331 sogar 460 PSi und damit fast die doppelte Leistung.

Bei herrlichem Wetter wird 99 331 für den nächsten Einsatz fit gemacht, während sich Diesellok „Hannover" mit ihrem Regelzug zur Reede aufmacht.

Die schwarzen Rauchwolken kündigen es an – in flotter Fahrt geht es mit dem Weyer-Wagenpark zum Bahnhof. Die formschönen Waggons dieser Bauart wurden in den Jahren 1911 bis 1914 in Dienst gestellt und sind damit heute schon mehr als 100 Jahre alt.

Was für ein „Koloss" – das müssen sich die Mitarbeiter der Borkumer Kleinbahn gedacht haben, als sie Gastlok „Molli" in ihrer Werkstatt bestaunten.

Stolz posiert das Personal vor der Gastlok 99 331, die vom 10. bis 22. September 2019 auf Borkum verweilte.

Fotohalt von 99 331 und T1 der BKB auf freier Strecke.

So schön kann nur der „Molli" dampfen. 99 331 posiert hier neben Diesellok „Münster" vor dem Betriebswerk der BKB.

„Molli" trifft am 15. September 2019 einen Wendezug mit Diesellok.

Eine Dampflok verlangt viel Aufmerksamkeit und Pflege des Personals. So müssen etwa die Lager regelmäßig geölt werden.

Besonders spektakulär war es, wenn Gastlok 99 331 und Dampflok „Borkum" der Kleinbahn nebeneinander im Bahnhof standen. Diese Szene bot sich unserem Fotografen am 14. September 2019.

Das „Schweineschnäuzchen" hat am Morgen des 23. September 2023 den Bahnhof Heiligendamm erreicht und legt nun eine Pause ein, die das Bahnpersonal und Mitfahrende nutzen, um das alte Gefährt genauer zu besichtigen.

Der Gast von der Insel Borkum ist von Kühlungsborn in Heiligendamm eingetroffen. „Molli" 99 331, die 2019 auf Borkum war, kann nun ihren Foto-Güterzug mit lautem Kolbenschlag und viel Qualm in Bewegung setzen.

99 2324-4

Mal abgesehen vom Radfahrer könnte das Bild mit dem „Schweineschnäuzchen", das ein schönes Negativ-Formsignal (!) bei Heiligendamm passiert, einer deutlich früheren Zeit entstammen – tatsächlich wurde es jedoch am 28. September 2023 aufgenommen.

◄ Im Bahnhof Rennbahn muss T1 auf dem Weg nach Kühlungsborn am 23. September 2023 auf dem „falschen" linken Gleis einen Halt einlegen, um die Zugkreuzung mit einem planmäßigen Zug des „Molli" abzuwarten.

„Molli" 99 2323 und Triebwagen 1 der Borkumer Kleinbahn geben zusammen ein schönes Fotomotiv ab.

Es wirkt schon ein wenig skurril, wenn ein Zug die engen Gassen von Bad Doberan mit Kopfsteinpflaster befährt. Hier muss der Lokführer von Triebwagen 1 der Borkumer Kleinbahn am 26. September 2023 gut auf die anderen Verkehrsteilnehmer achten.

4

Eine Bahn im Gleichklang mit Schiff und Bus

Perfekt aufeinander abgestimmt – das ist das passende Attribut, wenn es um das Verkehrskonzept der AG Ems und „ihrer" Borkumer Kleinbahn geht. Denn Ebbe und Flut fordern einen gezeitenabhängigen Fahrplan von gleich drei Verkehrsarten: Schiff, Bahn und Bus. Während man wahlweise von Emden in Deutschland oder Eemshaven in den Niederlanden mit dem Schiff nach Borkum reisen kann, übernimmt die Inselbahn das Gros der Fahrgäste zwischen dem Fähranleger und der Ortschaft. Parallel zur Schiene und ins Ostland verkehrende Busse ergänzen das Angebot.

Ein Zug der Borkumer Kleinbahn wartet am 17. September 2019 an der Reede auf neue Fahrgäste, die das ankommende Schiff gleich verlassen werden.

Die abenteuerliche Geschichte der Aktiengesellschaft Ems

Die Geschichte der AG Ems begann wohl schon um 1843, als ein erster aus Holz gebauter Raddampfer im Mündungsbereich der Ems unterwegs war und eine Dampfschifffahrtsgesellschaft gegründet wurde. Sie nannte sich Concordia, was Eintracht heißt, und übernahm Mitte des 19. Jahrhunderts den Fährverkehr von Emden nach Leer und Delfzijl. Das Projekt lief erfolgreich, und es wurde ein weiteres Schiff in Amsterdam gebaut, das den Namen „Kronprinzessin Marie" erhielt. Die Jahre der aufkommenden Industrialisierung waren von einer heftigen Konkurrenz mit anderen Unternehmen geprägt. Mittlerweile hatten die ersten Tagesfahrten nach Borkum stattgefunden, die einen Strandtourismus ermöglichten. Inselurlaub im heutigen Sinne gab es noch nicht.

Unter dem neuen Namen „Dampfschiffahrts-Gesellschaft Concordia" wurden 1851 bereits zwei „Lustfahrten" nach Borkum angeboten. 1867 wurde mit einem neuen Raddampfer, der zeitgemäß den Namen „Wilhelm I" trug, versucht, die Verbindung über Leer und Emden auszuweiten, um der Konkurrenz im Inselverkehr zuvorzukommen. Die expandierende Bäderschifffahrt rief weitere Konkurrenten auf den Plan, was in den Folgejahren zu immer neuen Versuchen führte, Linien auszubauen und neue einzurichten. Verbesserte Schiffe der Konkurrenz verlangten Investitionen in modernere Raddampfer.

Mit „Augusta" wurde von einer neuen Partenreederei, der Leerer Dampfschiffahrts-Gesellschaft, ein noch größeres und leistungsfähigeres Schiff in Dienst gestellt, da Geschäftsleute aus Leer den Bremern die Linie nicht kampflos überlassen wollten.

1887 wurde aus der Partenreederei Concordia die Emder Dampfschiffahrtsgesellschaft AG, die sich dem Borkumverkehr widmete. Bereits ein Jahr später konnte die Borkumer Inselbahn ihren Betrieb aufnehmen und eine Tarif- und Fahrplankooperation mit den Reedereien aus Leer und Emden als Vereinigte Leer-Emder Dampfschiffahrts-Gesellschaft bilden.

Die Verbindung von Schiff und Inselbahn ließ die Gästezahlen ansteigen. Die Emder Reedereien modernisierten ihren Schiffspark und verfügten nun über mehrere Dampf- und Segelschiffe. Der Konkurrenzkampf mit der Leerer Dampfschiffahrts-Gesellschaft verschärfte sich um 1890, was zu zusätzlichen Verbindungen nach Borkum und neuen Schiffen führte. Auch der Frachtverkehr nahm unter anderem durch einen Postdampfer des Erbauers der Borkumer Kleinbahn und Inhaber der Firma Habich & Goth zu. Der erste Dampfer mit Doppelschrauben verschärfte 1896 den erbitterten Konkurrenzkampf zwischen den Reedereien weiter.

Doch im Jahr 1900 vereinigten sich die AG Ems und die Leerer Dampfschiffahrts-Gesellschaft zu einer neuen Gesellschaft mit dem Namen „AG Ems" mit Sitz in Emden. Damit verbunden war die Verlegung der Abfahrtsstelle in Emden, die Abfahrt erfolgt seitdem von Emden Außenhafen bzw. dem Borkumkai. Die Verbindung von Leer nach Borkum wurde nun aufgegeben. Etwa zur gleichen Zeit wurde in Emden die Borkumer Kleinbahn und Dampfschiffahrt Aktiengesellschaft gegründet. Hauptaktionär war nun die AG Ems. 1907 wurde mit dem Raddampfer „Westfalen" die neue Fährlinie Borkum–Delfzijl eröffnet. Doch bald zeichnete sich der Erste Weltkrieg ab. Während 1911 weit mehr als 100.000 Passagiere Borkum besuchten, gab es nach 1914 keinen Badebetrieb mehr. Schiff- und Bahneinsätze galten nun nur noch militärischen Zwecken. In den Wirren der Nachkriegszeit mussten Schiffe verkauft werden. Erst nach der großen Inflation von 1923 nahm der Verkehr zur Insel Borkum wieder Fahrt auf.

1925 bestellte die AG Ems einen neuen Salondampfer, wenig später war die „Rheinland" mit einer Kapazität von 800 Personen und einer Maschinenleistung von 800 PS das bis dahin größte und leistungsstärkste Schiff der Reederei. Es folgte eine gute Zeit bis zur Weltwirtschaftskrise 1929. Wieder blieben viele Sommergäste aus und die Reederei musste ihr Schiff „Augusta" verkaufen. Im Zweiten Weltkrieg war dann kein Raum mehr für Tourismus. Borkum wurde militarisiert, die Schiffe der AG Ems wurden beschlagnahmt. Die beiden Raddampfer „Victoria" und „Westfalen" wurden von der Kriegsmarine ab 1942 vor der Kanalküste eingesetzt und dort im Juni 1944 versenkt. Die „Rheinland" überstand den Krieg und konnte den Verkehr nach Borkum wieder aufnehmen.

Das Ende der Dampfer zeichnete sich 1951 ab, als die Papenburger Meyer-Werft mit der „Westfalen" das erste Motorschiff lieferte. 1958 verkaufte die immer noch eigenständige Borkumer Kleinbahn ihr letztes Schiff „Prinz Heinrich" an die AG Ems und widmete sich nun ganz dem Bahnverkehr. Die Revolutionierung des Frachtverkehrs ging auch an einer Kleinbahn nicht vorbei. Ab 1962 prägten Kleincontainer und Mobilkräne den Güterverkehr der AG Ems. Die Güter gelangten nun nicht mehr über Rutschen in die Laderäume, sondern wurden in Containern und mit Kränen schneller verladen.

Mitte der 1960er-Jahre veränderte die fortschreitende Motorisierung der deutschen Gesellschaft auch den Borkumverkehr. Die AG Ems stellte sich mit einer größeren Kapazität für den Autotransport auf neue Formen des Fährverkehrs ein. Die erste kombinierte Auto- und Personenfähre „Rheinland II" wurde 1968 in Dienst gestellt. Ihr folgten wenig später die Autofähren „Ostfriesland II" und „Westfalen III". Die Logistik beim Be- und Entladen der Schiffe musste nun völlig umgestellt werden.

1982 versuchte sich die AG Ems an dem Einsatz von Luftkissenbooten. Lärm und technische Probleme setzten dem aber ein baldiges Ende. Da die Bahn sich von vielen Bahnhofsgebäuden verabschiedete, konnte die Reederei 1983 das Gebäude am Emder Außenhafen übernehmen. Schon ab 1976 ging es auch von Eemshaven bei Delfzijl nach Borkum. Der Verkehr nahm kontinuierlich zu und die neue Verbindung wurde bald durch eine vierte Autofähre, die „Münsterland II", bedient.

Mit dem High-Tech-Katamaran „Nordlicht" begann 1989 eine neue Ära. Die Fahrt von Emden nach Borkum reduzierte sich auf eine Stunde.

Ein neues Logistik-Center wurde 2000 eröffnet und ermöglicht nun den Güterumschlag in einer Halle. Die Strecke vom Emder Hauptbahnhof zum Emder Außenhafen wurde 2006 elektrifiziert und sichert damit dem Hafenbahnhof weiterhin eine Anbindung an das Schienennetz der DB. Im Sommer desselben Jahres begann die Kleinbahn mit dem Wendezugbetrieb. Zwei Jahre später wurde eine 700 Meter lange Porenbeton-Erprobungsstrecke in Betrieb genommen.

Die AG Ems ist offen für technische Innovationen und beauftragte bereits im Jahr 2013 den Umbau der „MS Ostfriesland" auf die umweltfreundliche Flüssiggas-Technik (Liquefied Natural Gas – kurz: LNG). 2015 konnte sie als erste LNG-Fähre Deutschlands in Betrieb genommen werden und dient seitdem als Beispiel für Folgeprojekte wie etwa dem ersten deutschen Neubau einer LNG-Fähre, der „MS Helgoland", die seit Frühjahr 2015 auf der

Route Cuxhaven–Helgoland verkehrt. Die MS „Münsterland" wurde 2021 als zweite Fähre der Borkumflotte zur Flüssiggas-Fähre umgebaut und ein Jahr später konnte der neue Katamaran MS „Nordlicht II" feierlich in Dienst gestellt werden. Er wird seitdem für Fahrten nach Borkum und Helgoland eingesetzt.

Am 19. Juli 1997 startet der mit Jägermeister-Werbung beklebte Mercedes-Gelenkbus der Linie 1 am Busbahnhof zu seiner Fahrt zum Fährhafen. Seine Strecke verläuft dabei parallel zur Kleinbahn, wobei er unterwegs an mehreren Haltestellen hält. So ergänzen sich Kleinbahn und Bus ideal. Wo sich heute der Busbahnhof befindet, stand bis 1975 der Güterschuppen der Inselbahn.

Auch mehr als 20 Jahre später, am 27. Juli 2014, ist das schöne Fährschiff „Münsterland" noch im Einsatz. ►

Im Sommer 1993 pendelt die Autofähre „Münsterland" zwischen Borkum und Emden.

Eine wunderschöne Aufnahme der „Hessen“.

Begegnung zweier Fährschiffe auf offenem Meer.

Schiffstaufe der MS „Nordlicht II"

Diese Einladung durfte sich Manfred nicht entgehen lassen: Die AG Ems hatte Kunden und Partner am 26. November 2021 zur Schiffstaufe und Fahrt nach Borkum mit der neuen „Nordlicht II" nach Emden Außenhafen eingeladen. Für die Eisenbahnfreunde OnWheels e. V., die mehrmals Sonderzüge – teilweise in Zusammenarbeit mit der Arbeitsgemeinschaft Westfalendampf – nach Emden Außenhafen organisiert und dabei natürlich den Schiffstransfer und mehrfach auch einen Einsatz der Dampflok vor dem Zug zum Inselbahnhof mit der AG Ems abgesprochen hatten, reiste Manfred an diesem nasskalten Herbsttag mit der Bahn von Haltern am See nach Emden. Viele Gäste standen am Kai und bewunderten das auffallend hoch liegende Schiff, das wegen dieser Bauart besser als andere Katamarane mit ruppiger See zurechtkommt. Bis die obligatorische Flasche Sekt am Schiffsrumpf zerschellte, gab es Begrüßungsreden, in denen besonders die Bedeutung der AG Ems im Verkehr nach Borkum und Helgoland hervorgehoben wurde. Der Helgoländer Bürgermeister war deshalb auch mit an Bord und betonte die Bedeutung des neuen Schiffs für den Verkehr zu seiner Insel. Bei der Ankunft an der Borkumer Reede standen der historische Triebwagen 1 und der Dampfzug mit seinem nostalgischen Wagenpark bereit, um die Gäste in den Ort zu bringen, wo Besuche in den Top-Hotels der AG Ems auf dem Programm standen. Eindrucksvoll stellte die Gesellschaft ihr Konzept vor, das Geschichte und Zukunft von Bahn, Bus und Schiff gleichermaßen im Blick hat. Denn gleich neben den historischen Fahrzeugen wurden emissionsfreie Busse neuerster Bauart präsentiert. Das eine, so sieht man, schließt das andere nicht aus.

Am Tag der Schiffstaufe der neuen MS „Nordlicht II" nähert sich abends MS „Nordlicht I" der Borkumer Reede. Im Vergleich zu Fotos des Neuzugangs, die auf der nächsten Doppelseite gezeigt werden, kann man gut den Höhenunterschied der Katamarane erkennen.

Am Vormittag des nasskalten 17. Februar 2023 haben sich die Ehrengäste zur Schiffstaufe eingefunden, machen Fotos und freuen sich auf die Überfahrt nach Borkum im warmen Inneren des Schiffs.

„Nordlicht II" hat soeben in Borkum angelegt und die Gäste werden von den historischen Schienenfahrzeugen, der Dampflok „Borkum" und dem „Schweineschnäuzchen", erwartet.

Auf diesem Foto der „Nordlicht II“, das vor der ersten Fahrt nach Borkum am 17. Februar 2023 entstand, kann man sehr schön sehen, wie hoch das Tragdeck mit dem eigentlichen Schiffskörper auf den Rümpfen des Katamarans angelegt wurde. Das Schiff ist so unempfindlicher gegen hohen Wellengang.

Das Verkehrskonzept der AG Ems für Borkum

Wenn man im privaten Bereich über Verkehrsmittel spricht, erlebt man oft heftige Debatten darüber, ob Autofahren besser sei als Bahnfahren, Fliegen zu umweltschädlich oder Maßnahmen im Kampf gegen den Klimawandel überzogen seien. Polarisierung erscheint oft als Gebot der Stunde. Schaut man sich das Verkehrskonzept der AG Ems und seine mediale Präsenz an, so erlebt man einen erstaunlich gelassenen Umgang mit Verkehrskonzepten, technischen Innovationen und den Herausforderungen, die beispielsweise die Corona-Pandemie und der Krieg Russlands gegen die Ukraine mit sich brachten. Die Gesellschaft integriert geschickt unterschiedliche Verkehrsmittel und zeigt sich als Unternehmen, das an Land, zu Wasser und in der Luft bemüht ist, im Sinne von Nachhaltigkeit, Umweltschutz und Digitalisierung Kurs zu halten. Betrachtet man die Fahrt zur Insel Borkum und den Verkehr auf der Insel, so sieht man ein erstaunlich konfliktfreies Miteinander unterschiedlicher Verkehrsmittel. Gleichsam aus einer Hand werden Auto- und Bahnanreise in Verbindung mit modernen Fähren angeboten. Stolz verweist das Unternehmen darauf, dass es offen für technische Innovationen ist, wie wir bereits auf den Seiten 91 und 92 erläutert haben.

Auch dem Thema Elektromobilität stellt sich das Unternehmen, indem es das erste E-Auto für Dienstfahrten auf Borkum sowie E-Bikes für Gäste anschaffte und zwei E-Busse für den Borkumer ÖPNV und für Rundfahrten anbietet. Das Thema E-Antrieb wird auch für in Emden verkehrende Hafenboote projektiert. Zudem steht man dem Einsatz von E-Flugzeugen für die Inselversorgung positiv gegenüber. Selbst die kleine nostalgische Dampflok, die gerade ihr 25. Jubiläum im Museumsbetrieb feierte, wird statt mit Steinkohle, wie in früheren Zeiten üblich, recht sauber mit einer Leichtölfeuerung betrieben. Bei der Zufahrt nach Borkum und auf der Insel besteht somit ein vielfältiges auf verschiedene Bedürfnisse der Inselbewohner und ihrer Gäste zugeschnittenes Verkehrsangebot, das unterschiedlich schnelle Anreisen mit Schiff, Katamaran oder Flugzeug ermöglicht. Wahlweise kann man ganz auf ein Auto verzichten und die Bahn nutzen, den Pkw in einem der Häfen am Festland stehen lassen oder ihn mit auf die Insel nehmen. Dort ist dann dafür gesorgt, dass private Autos nicht überall fahren dürfen, sondern Busse und Fahrräder Vorrang genießen.

Wichtiger Teil des integrativen Konzepts ist die Einbeziehung der Zufahrt aus den Niederlanden nach Borkum. Mittlerweile ist die Borkumlijn am dritten Standort im Beatrixhaven angekommen. 2009 wurde der moderne Passagierterminal in Betrieb genommen, der sowohl über ein modernes Straßennetz als auch einen Bahnanschluss erreichbar ist. Rund ein Drittel der Passagiere fahren dank der guten An- und Verbindung von Eemshaven zur Insel Borkum.

Lok „Aurich" beschleunigt ihren Zug am 9. September 2022, als sie den Busbahnhof und die Werkstatt der BKB passiert.

Nach einer kurzen Pause geht es weiter. Gleich wird der Mercedes-Gelenkbus die Fahrgäste vom „Café Ostland" zur Ortschaft Borkum bringen.

Emden nach Borkum

von Emden-Borkumkai nach Borkum (anschließend Inselbahn)
Fahrzeit Schiff ca. 130 Min., Katamaran** ca. 60 Min.

Zeitraum	Mo	Di	Mi	Do	Fr	Sa	So
09.01.23-23.03.23	06.30** a 08.00 14.15** a 16.45	08.00 16.45	08.00 16.45	08.00 16.45	08.00 14.15** a 16.45	08.00 16.45 ■	08.30 14.15** a 17.15
24.03.23-30.04.23	08.00 12.30** 14.00 16.45**	08.00 12.30** 14.00 16.45**	08.00 12.30** 14.00 16.45**	08.00 12.30** 14.00 16.45**	08.00 12.30** 14.00 16.45**	08.00 12.30** 14.00 16.45**	08.00 12.30** 14.00 16.45**
01.05.23-30.06.23	08.00 12.30** 14.00 16.45**	08.00 12.30** 14.00 16.45**	08.00 12.30** 14.00 16.45**	08.00 12.30** 14.00 16.45**	08.00 12.30** 14.00 16.45**	08.00 09.00** 12.30** 14.00 16.45**	08.00 09.00** 12.30** 14.00 16.45** 19.30** 🟥
01.07.23-20.08.23	08.00 09.00** 12.30** 14.00 16.45** 19.30**	08.00 09.00** 12.30** 14.00 16.45** 19.30**	08.00 09.00** 12.30** 14.00 16.45** 19.30**	08.00 09.00** 12.30** 14.00 16.45** 19.30**	08.00 09.00** 12.30** 14.00 16.45** 19.30**	08.00 09.00** 12.30** 14.00 16.45** 19.30**	08.00 09.00** 12.30** 14.00 16.45** 19.30** 🟥
21.08.23-22.10.23	08.00 12.30** 14.00 16.45**	08.00 12.30** 14.00 16.45**	08.00 12.30** 14.00 16.45**	08.00 12.30** 14.00 16.45**	08.00 12.30** 14.00 16.45**	08.00 09.00** 12.30** 14.00 16.45**	08.00 09.00** 12.30** 14.00 16.45** 19.30** 🟥 d
23.10.23-23.12.23	06.30** 08.00 14.15** 16.45	08.00 16.45	08.00 16.45	08.00 16.45	08.00 14.15** 16.45	08.00 16.45 ■	08.30 14.15** 17.15

Borkum nach Emden

bzw. **von Borkum-Bahn**
Die Schiffe legen ca. 15 bis 30 Min. sp

Zeitraum	Mo	Di	Mi
09.01.23-23.03.23	07.30** a 07.30 13.30 15.15** a	07.30 13.30	07. 13.
24.03.23-30.04.23	07.15** 10.30 14.00** 16.30	07.15** 10.30 14.00** 16.30	07 10. 14. 16.
01.05.23-30.06.23	07.15** 10.30 14.00** 16.30	07.15** 10.30 14.00** 16.30	07 10 14. 16.
01.07.23-20.08.23	07.15** 10.10** 10.30 14.00** 16.30 17.40**	07.15** 10.10** 10.30 14.00** 16.30 17.40**	07 10 10 14. 16 17.
21.08.23-22.10.23	07.15** 10.30 14.00** 16.30	07.15** 10.30 14.00** 16.30	07. 10. 14. 16
23.10.23-23.12.23	07.30** 07.30 13.30 15.15**	07.30 13.30	07 13

Eemshaven nach Borkum

von Eemshaven nach Borkum (anschließend Inselbahn)
Fahrzeit Schiff ca. 50 Min.,

Zeitraum	Mo	Di	Mi	Do	Fr	Sa	So
09.01.23-23.03.23	12.00	12.00	12.00	12.00	12.00	12.00 18.15	15.20
24.03.23-22.06.23	07.30 b 10.15 13.45 c 16.45	07.30 10.15 16.45	07.30 10.15 16.45	07.30 10.15 16.45	07.30 10.15 16.45	07.30 10.15 13.45 16.45	10.15 13.45 16.45
23.06.23-13.08.23	07.30 10.15 13.45 16.45	07.30 10.15 16.45	07.30 10.15 16.45	07.30 10.15 16.45	07.30 10.15 13.45 16.45	07.30 09.15 10.15 12.15 13.45 16.45	07.30 10.15 13.45 16.45
14.08.23-22.10.23	07.30 10.15 13.45 16.45	07.30 10.15 16.45	07.30 10.15 16.45	07.30 10.15 16.45	07.30 10.15 16.45	07.30 10.15 13.45 16.45	07.30 10.15 13.45 16.45
23.10.23-23.12.23	12.00	12.00	12.00	12.00	12.00	12.00 18.15	15.20

Borkum nach Eemshaven

bzw. **von Borkum-Bahn**
Die Schiffe legen ca. 15 bis 30 Min. sp

Zeitraum	Mo	Di	Mi
09.01.23-23.03.23	10.30	10.30	10.
24.03.23-22.06.23	08.20 b 11.30 14.40 c 17.40	08.20 11.30 17.40	08. 11. 17.
23.06.23-13.08.23	08.20 11.30 14.40 17.40	08.20 11.30 17.40	08. 11. 17.
14.08.23-22.10.23	08.20 11.30 14.40 17.40	08.20 11.30 17.40	08. 11. 17.
23.10.23-23.12.23	10.30	10.30	10.

a) ab 17. Februar b) nicht am 10. April & 29. Mai c) ab 17. April d) nicht am 22. Oktober
** zuschlagspflichtige Katamaran-Schnellverbindung. Reservierung erforderlich

🟥 via Ditzum (ermäßigter Katamaran-Zuscl
■ via Eemshaven (NL)

Schiffsfahrplan vom Sommer 2023 der AG Ems.

n (Zeiten ab Borkum-Bhf)
ab

Fr	Sa	So
07.30 13.30 15.15** a	07.15 ■ 13.30	08.30 15.15** a 16.30
07.15** 10.30 14.00** 16.30	07.15** 10.30 14.00** 16.30	07.15** 10.30 14.00** 16.30
07.15** 10.30 14.00** 16.30	07.15** 10.10** 10.30 14.00** 16.30	07.00** ■ 10.10** 10.30 14.00** 16.30 17.40**
07.15** 10.10** 10.30 14.00** 16.30 17.40**	07.15** 10.10** 10.30 14.00** 16.30 17.40**	07.00** ■ 10.10** 10.30 14.00** 16.30 17.40**
07.15** 10.30 14.00** 16.30	07.15** 10.10** 10.30 14.00** 16.30	07.00** ■ 10.10** 10.30 14.00** 16.30 17.40**
07.30 13.30 15.15**	07.15 ■ 13.30	08.30 15.15** 16.30

haven (Zeiten ab Borkum-Bhf)
ab

Fr	Sa	So
10.30	07.15 10.30	13.30
08.20 11.30 17.40	08.20 11.30 14.40 17.40	11.30 14.40 17.40
08.20 11.30 14.40 17.40	08.20 10.10 11.30 13.30 14.40 17.40	08.20 11.30 14.40 17.40
08.20 11.30 17.40	08.20 11.30 14.40 17.40	08.20 11.30 14.40 17.40
10.30	07.15 10.30	13.30

Anwendungsbestimmungen:
Es gelten die „Allgemeinen Beförderungsbestimmungen" der beteiligten Gesellschaften. Gewichte, Längen-, Breiten- und Höhenmaße gem. Fahrzeugpapieren, mindestens jedoch gem. den tatsächlichen Maßen. Höhe ist die Höhe lt. Fahrzeugschein, zzgl. Dachladung. Überlänge gem. StVO § 22 (4) bis max. 1m. Bei Fahrzeugbreiten über 2,55 m wird ein Aufschlag von 50 % des normalen Beförderungspreises erhoben.

Rückfahrkarten gelten für die Hin- und Rückreise und sind 2 Monate ab aufgedrucktem Anreisedatum gültig. Alle Tages- und einfache Fahrkarten gelten nur am Tag des aufgedruckten Reisedatums. Der Katamaran-Zuschlag gilt nur für das aufgedruckte Reisedatum sowie für die aufgedruckte Uhrzeit.

Preisänderungen vorbehalten.
Alle durchgängigen Personenfahrkarten vom Festland zur Insel und zurück beinhalten neben der Inselbahn auch die kostenfreie Nutzung einer Anschlussmobilität im straßengebundenen ÖPNV zum Reiseziel bzw. vom Abreiseort auf der Insel Borkum.

Ausfall von Fahrten und Änderungen im Programm sowie der Abfahrts- und Ankunftszeiten und der Tarife vorbehalten. Es gelten die „Allgemeinen Geschäftsbedingungen" der AKTIEN-GESELLSCHAFT „EMS".

Gut zu wissen!

Fahrplanänderungen
Bei der nächsten Buchung Mobilfunknummer oder Mailadresse angeben und über Fahrplanänderungen informiert werden! Alle aktuellen Fahrplanänderungen: www.ag-ems.de/fahrplan

Flaschenpost
Melden Sie sich für unseren Newsletter „Flaschenpost" an und seien Sie immer über Angebote und Neuigkeiten rund um unser Unternehmen informiert! www.ag-ems.de/aktuelles/newsletter

Folgen Sie uns!
Entdecken Sie die schönsten Seiten Borkums auch auf Instagram! www.instagram.com/Borkumfaehre

Stand: 11/2022 • 30.000 • FA

WIR SIND FÜR SIE DA

Buchen Sie 24h online!
www.ag-ems.de
info@ag-ems.de • 01805 180 182*
*14 ct/min. aus dem deutschen Festnetz; ggf. abweichende Preise aus dem Mobilfunknetz

Erreichbarkeit Service-Center

Mo - Fr.:	08 - 19 Uhr (April - Okt.) 08 - 17 Uhr (Nov. - März)
Sa.:	08 - 12 Uhr
So.:	10 - 14 Uhr

AKTIEN-GESELLSCHAFT „EMS"
Zum Borkumanleger 6 • 26723 Emden

AG „EMS" Nederland B.V. -Borkumlijn-
Borkumkade 1 - 9979 XX EEMSHAVEN (NL)

/borkumfaehre
/borkumfaehre
www.ag-ems.de

In Emden Außenhafen wartet bereits der Intercity, der die Borkumer Urlaubsgäste am 3. September 2023 sicher nach Hause bringen wird.

Auf diesem Bild, das am 2. März 2020 an der Reede entstand, lässt sich sehr schön die enge „Verzahnung" der Verkehrswege von Schiff, Auto und Zug erkennen.

Anreise zur Insel: Schiffe, Pkw, Bahn

In Emden Außenhafen stehen die Fähre oder die beiden Katamarane der AG Ems zur Weiterfahrt nach Borkum bereit. Von dem modernen Bahnsteig, der im Taktfahrplan angefahren wird, bis zum Schiff sind nur wenige Schritte zu machen. Auch Taxis und Busse halten hier, um Fahrgäste bequem zur Fähre zu bringen. Die Überfahrt mit dem Schiff dauert rund 130 Minuten. Schneller geht es mit den Katamaranen „Nordlicht I" und „Nordlicht II", die immerhin 70 km/h erreichen und die Strecke in rund 60 Minuten zurücklegen. Ein Schiff verkehrt zweimal täglich, ein Katamaran ergänzt das Angebot um bis zu vier weitere Verbindungen täglich, insbesondere in der Urlaubssaison.

Die Überfahrt von Emden führt zunächst durch das Mündungsgebiet der Ems. Rechts sind die umfangreichen Anlagen des VW-Werks zu sehen. Oder in nautischen Begriffen: Steuerbord. Wer eine Gedächtnisstütze braucht: Holland liegt Backbord und Deutschland Steuerbord. Wenn Eemshaven in Sicht kommt, befinden wir uns schon im Nationalpark Niedersächsisches Wattenmeer und Borkum ist nicht mehr weit.

Zwischen dem niederländischen Eemshaven und Borkum werden in der Urlaubssaison von Ende März bis Ende Oktober wochentags zwischen drei und vier Schiffsverbindungen angeboten. An den Wochenenden fahren die Schiffe bis zu sechsmal täglich. Die Fahrzeit beträgt rund 50 Minuten.

In knapp 50 Minuten geht es mit dem modernen Regionalzug von Groningen nach Eemshaven. Wer mit dem Auto anreist, findet große Parkplätze am Fährterminal vor.

Das Fährschiff „Westfalen“ erreicht am 16. September 2017 den Anleger 2 auf Borkum.

Am 19. September 2017 steht Lok „Münster“ mit ihrem Wendezug in der Ortschaft Borkum. Links am Bildrand ist die Bushaltestelle zu erkennen.

Der Katamaran „Nordlicht I" legt am 19. August 2009 gleich in Borkum an.

Eine Dampflok der Baureihe 012 vor einem Intercity? Wann hat es das denn gegeben? Die 01 kam tatsächlich vor einem planmäßigen IC zwischen Emden Hbf und Emden Außenhafen zum Einsatz, weil das Personal der Ellok des verspäteten IC eine Pause einlegen musste. Am 23. Juni 2012 hatte 01 1066 einen Sonderzug nach Emden gebracht und konnte nun den IC zum Schiffsanleger bringen.

BORKUMER KLEINBAHN

Inselbahn **Bahnhof ⟷ Fährhafen**

01.05.2023- 22.10.2023	ab Bahnhof
So	07:00 Uhr
Mo - Sa	07:15 Uhr
Mo-Sa (nicht 29.05.); So (a)	08:20 Uhr
Mo-Fr (c); Sa+So	10:10 Uhr
täglich	10:30 Uhr
täglich	11:30 Uhr
Sa (b)	13:30 Uhr
täglich	14:00 Uhr
Fr (b); Sa-Mo	14:40 Uhr
täglich	16:30 Uhr
täglich	17:40 Uhr

01.05.2023- 22.10.2023	ab Fährhafen**
täglich	ca. 10:10 Uhr
täglich	ca. 11:15 Uhr
täglich	ca. 13:30 Uhr
Fr (b); Sa-Mo	ca. 14:45 Uhr
täglich	ca. 16:10 Uhr
täglich	ca. 17:45 Uhr

** **ca. Zeit, Zugabfahrt ist abhängig von der Schiffsankunft**
Abweichungen möglich. Änderungen vorbehalten.

(a) 23.06. - 22.10.
(b) 23.06. - 13.08.
(c) 01 .07. - 20.08.

Preise (einfache Fahrt)

	Bahnhof ⟷ J. v. Dyken-Weg	J. v. Dyken-Weg ⟷ Fährhafen	Bahnhof ⟷ Fährhafen
Erw. (ab 12 J.)	1,60 €	2,10 €	2,60 €
Kinder (4-11 J.)	0,80 €	1,05 €	1,30 €

Tel.: 0 49 22/3 09-32 42 • info@borkumer-kleinbahn.de • www.borkumer-kleinbahn.de • /BorkumerKleinbahn

Fahrplan der Inselbahn vom Sommer 2023.

So erleben neue Urlauber ihre Ankunft an der Borkumer Reede; während ein Zug der Kleinbahn die abreisenden Urlauber zum Hafen gebracht hat und diese auf die Fähre warten, freuen sich alle Neuankömmlinge auf ihren Aufenthalt auf der herrlichen Nordseeinsel, die zu Niedersachsen gehört.

Am frühen Nachmittag des 24. Juli 2020 kann der Fotograf einen Zug vom Hafen kurz vor dem Depot der Borkumer Kleinbahn bei seiner Fahrt zum Inselbahnhof ablichten.

Die AG Ems betreibt nicht nur den Schiffsverkehr nach Borkum, sondern ist auch Eigner der Borkumer Kleinbahn und der auf Borkum verkehrenden Busse. Busse und vor allem die Kleinbahn verbinden den Hafen mit dem 7,5 Kilometer entfernten Zentrum des Inselorts Borkum. An der Reede im Ostteil der Insel, wo die Schiffe anlegen, steht seit über hundert Jahren ein Zug der Inselbahn bereit, um die Fahrgäste in den Ort zu bringen. Dass diese schöne Bahn noch existiert und sogar nostalgische Fahrten mit Dampflok und Schienenbus anbieten kann, ist keineswegs selbstverständlich. Tatsächlich gab es in den 1960er-Jahren, der Zeit des „Wirtschaftswunders“ und des Automobils, Überlegungen, die Kleinbahn stillzulegen und durch andere Verkehrsmittel zu ersetzen. Angeblich war sogar von einer Magnetbahn die Rede. Doch realistischer erschien wohl die Verbindung von Hafen und Ort durch Busse, die immerhin die bereits vorhandene Straße für den Autoverkehr auf der Insel nutzen konnten. Es wurde aber sehr schnell klar, dass dank größerer Passagierschiffe, die Beförderungsleistungen „auf einen Schlag“ verlangten, eine ganze Armada von Bussen am Hafen hätte bereitstehen müssen. Da blieb man doch lieber bei dem Bähnchen, das mit recht kleinen Lokomotiven lange, voll besetzte Züge flott mit einem Zwischenhalt ins Zentrum Borkums bringt. 1994 wurde die nicht mehr infrage gestellte Bahnverbindung sogar mit nagelneuen Wagen und Lokomotiven ausgestattet.

Die Züge der Borkumer Kleinbahn verkehren abhängig vom Schiffsfahrplan und in etwa zwischen 7.00 Uhr morgens und 18.00 Uhr abends. In der Hauptsaison werden die meisten Fahrten angeboten.

BORKUMER KLEINBAHN

Busfahrplan ab 24. März 2023

Buchen Sie Ihr Linienbus-Ticket gerne über diesen QR-Code!

Yachthafen	ab			10:14	11:44	13:14	14:44	16:14	17:44	19:14		21:44	z 22:44
Nationalparkschiff/Feu.				10:16	11:46	13:16	14:46	16:16	17:46	19:16		21:46	z 22:46
Burkana-Yachthafen		y 07:18	08:18	10:18	11:48	13:18	14:48	16:18	17:48	19:18		21:48	z 22:48
Oostkaje		y 07:19	08:19	10:19	11:49	13:19	14:49	16:19	17:49	19:19		21:49	z 22:49
Fährhafen		y 07:20	08:20	10:20	11:50	13:20	14:50	16:20	17:50	19:20		21:50	z 22:50
DJH		y 07:25	08:25	10:25	11:55	13:25	14:55	16:25	17:55	19:25		21:55	z 22:55
Wattenmeer		y 07:26	08:26	10:26	11:56	13:26	14:56	16:26	17:56	19:26		21:56	z 22:56
Neuer Deich		y 07:28	08:28	10:28	11:58	13:28	14:58	16:28	17:58	19:28		21:58	z 22:58
Café zur Heide		y 07:30	08:30	10:30	12:00	13:30	15:00	16:30	18:00	19:30		22:00	z 23:00
Krummer Blockweg		y 07:31	08:31	10:31	12:01	13:31	15:01	16:31	18:01	19:31		22:01	z 23:01
Altenwohnungen		y 07:32	08:32	10:32	12:02	13:32	15:02	16:32	18:02	19:32		22:02	z 23:02
J.-v.-Dyken-Weg			08:34	10:34	12:04	13:34	15:04	16:34	18:04	19:34		22:04	z 23:04
Berufsschule			08:35	10:35	12:05	13:35	15:05	16:35	18:05	19:35		22:05	z 23:05
Schulen		x 07:36											
Gezeitenland			08:37	10:37	12:07	13:37	15:07	16:37	18:07	19:37		22:07	z 23:07
Busbahnhof	an	y 07:45	08:39	10:39	12:09	13:39	15:09	16:39	18:09	19:39		22:09	z 23:09
Busbahnhof	ab		09:10	10:40	12:10	13:40	15:10	16:40	18:10	19:40	21:15	z 22:10	
Bahnhof (Tourist-Info)			09:15	10:45	12:15	13:45	15:15	16:45	18:15	19:45	21:16	z 22:11	
Kath. Kinderheim			09:17	10:47	12:17	13:47	15:17	16:47	18:17	19:47	21:17	z 22:12	
Camping-Platz			09:19	10:49	12:19	13:49	15:19	16:49	18:19	19:49	21:18	z 22:13	
BfA			09:21	10:51	12:21	13:51	15:21	16:51	18:21	19:51	21:20	z 22:15	
Upholmhof			09:23	10:53	12:23	13:53	15:23	16:53	18:23	19:53			
Geflügelhof			09:25	10:55	12:25	13:55	15:25	16:55	18:25	19:55			
Flugplatz			09:27	10:57	12:27	13:57	15:27	16:57	18:27	19:57			
FKK			09:29	10:59	12:29	13:59	15:29	16:59	18:29	19:59			
Ostland	an		09:30	11:00	12:30	14:00	15:30	17:00	18:30	20:00			

x verkehrt nur an Schultagen
y verkehrt nicht an Sonn- und Feiertagen
z verkehrt nur Freitag und Samstag

Bitte beachten Sie:
Die AG „EMS"-Schifffahrkarte gilt zur unmittelbaren An- und Abreise als ÖPNV-Fahrkarte auf in diesem Busfahrplan veröffentlichten Linienbusfahrten. Bei Abreise wird der Schiffsanschluss im Hafen Borkum nicht gewährleistet. Es ist nur eine eingeschränkte Mitnahme von Gepäck (im Rahmen der regulären Fahrzeugkapazität und bei entsprechend freien Kapazitäten) sowie Kinderwagen möglich. Nicht als Kinderwagen gelten folgende Sachen: Bollerwagen/Gepäcktransporter. Kinder-Jogger und als Kinderwagen nutzbare (Fahrrad)Anhänger, sie gelten nur als Kinderwagen, sofern sie aufgrund ihrer Größe und Bauart diesen entsprechen.

Größere Gruppen (ab 12 Pers.) können nur befördert werden, wenn eine frühzeitige Voranmeldung vorliegt und bestätigt wurde bzw. entsprechende Kapazitäten vorhanden sind.
Die Entscheidung über die Mitnahme liegt beim Betriebspersonal.

Anrufbus von/zum Fährhafen
Di./ Mi. 07:00 Uhr - 08:00 Uhr
15:45 Uhr - 16:45 Uhr

Haltstellen:
Fachklinikum, Nordseeklinik, Knappschaftsklinik, CVJM Waterdelle (BfA) und Jakob-van-Dyken-Weg (Bahn)

Anmeldung mind. 24 Std. vorher erforderlich:
Tel. 04922/309-3123

Fahrpreis einfache Fahrt:
Erwachsene 3,60 €
Kind 1,80 €
Schwerbeh. 1,00 €
(Servicezuschlag)

1 Teilstrecke = 2 Haltestellen, folgende Haltestellen sind tariflich gleichgestellt:
1. J-v-Dyken-Weg, Altenwohnung, Krummer Blockweg
2. Yachthafen, Nationalparkschiff, Burkana-Yachthafen, Oostkaje, Fährhafen + DJH
3. Campingplatz und BfA
4. Upholmhof und Geflügelhof
5. Gezeitenland und Busbahnhof

Busfahrpreise:	Erw.	Kind
1 Teilstrecke	1,60 €	0,80 €
2 Teilstrecken	2,10 €	1,05 €
3 Teilstrecken	2,60 €	1,30 €

Fahrplan-/ Preisänderungen vorbehalten!

Tel.: 0 49 22/3 09-0 • info@borkumer-kleinbahn.de • www.borkumer-kleinbahn.de • www.facebook.de/BorkumerKleinbahn

Busfahrplan vom Sommer 2023.

Zur Schiffstaufe der „Nordlicht II" präsentierte die AG Ems auch zwei ihrer modernen Busse. Natürlich darf der rein elektrische Bus nicht fehlen.

Unmittelbar hinter dem Deich, der im Fall einer Sturmflut mittels eines massiven Tores verschlossen werden kann, befindet sich in Fahrtrichtung zur Ortschaft dieser urige Bahnübergang.

Noch im alten gelben Anstrich ist Lok „Emden" am 20. August 2009 kurz vor dem Haltepunkt Jakob-van-Dyken-Weg zum Hafen unterwegs.

Optimaler Schutz bei Schietwetter: Fahrkartenautomat in einer ehemaligen Telefonzelle am Haltepunkt Jakob-van-Dyken-Weg.

Omnibus-Fahrplan SOMMER 1986

Gültig vom 1. Juni bis 20. September 1986

Fährhafen ➡ Busbahnhof ➡ Ostland

Fährhafen	Ab	w07.08	09.42	10.53	—	13.30	15.05	16.20	17.51	19.15	20.02	21.52	22.45	23.45
Wache Marine		w07.10	09.43	10.54	—	13.31	15.06	16.22	17.53	19.17	20.04	21.53	22.46	23.46
Schutzhafen		—	09.32	10.46	—	13.22	14.48	16.11	17.45	19.00	19.58	—	22.41	23.41
Wattenmeer		w07.12	09.45	10.56	—	13.33	15.08	16.24	17.55	19.19	20.06	21.55	22.48	23.48
Neuer Deich		w07.13	09.46	10.57	—	13.34	15.09	16.25	17.56	19.20	20.07	21.56	22.49	23.49
Cafe zur Heide		w07.14	09.47	10.58	—	13.35	15.10	16.27	17.57	19.21	20.08	21.57	22.50	23.50
Krummer Blockweg		w07.15	09.48	11.00	—	13.37	15.11	16.28	17.59	19.22	20.09	21.58	22.51	23.51
Altenwohnungen		w07.16	09.50	11.01	—	13.38	15.13	16.29	18.00	19.23	20.10	21.59	22.52	23.52
J.-van-Dykenweg		w07.18	09.51	11.03	—	13.40	15.15	16.30	18.01	19.24	20.12	22.00	22.54	23.54
Berufsschule		w07.19	09.53	11.04	—	13.41	15.16	16.32	18.02	19.26	20.14	22.01	22.55	23.55
Wellenbad		w07.22	09.56	11.07	—	13.44	—	—	18.05	—	—	—	—	—
Bus-Bahnhof	An	w07.23	09.57	11.08	—	13.45	15.20	16.36	18.06	19.27	20.15	22.02	22.56	23.56
Bus-Bahnhof	Ab	—	10.00	11.13	12.30	13.48	15.22	16.37	18.08	19.29	—	22.15	—	—
Kath. Kinderheim		—	10.02	11.15	12.32	13.50	15.24	16.39	18.10	19.31	—	22.17	—	—
Campingplatz		—	10.04	11.17	12.34	13.52	15.26	16.40	18.11	19.33	—	22.18	—	—
BfA-Klinik		—	10.06	11.19	—	13.54	—	16.42	18.13	19.35	—	22.20	—	—
Geflügelhof		—	10.08	11.21	12.39	13.57	15.31	16.45	18.16	—	—	—	—	—
Flugplatz		—	10.10	11.23	12.41	13.59	15.33	16.47	18.18	—	—	—	—	—
FKK-Strand		—	10.12	11.25	12.43	14.01	15.35	16.49	18.20	—	—	—	—	—
Ostland	An	—	10.14	11.27	12.45	14.03	15.37	16.51	18.22	—	—	—	—	—

Bei dringendem Bedarf wird der Fahrplan verdichtet!

Fahrpreise: 1 Teilstrecke 1,20 DM; 2 Teilstrecken 1,90 DM; 3 Teilstrecken 2,40 DM; 1 Teilstrecke = 2 Haltestellen.

Folgende Haltestellen sind tariflich gleichgestellt:
1) „Jakob-van-Dykenweg", „Altenwohnungen" und „Krummer Blockweg".
2) „Schutzhafen", „Wache Marine" und „Fährhafen".
3) „Campingplatz" und „BfA-Klinik".
4) „Busbahnhof" und „Wellenbad".

w = verkehrt nur werktags;

Bedarfshaltestellen: „Kriegerdenkmal" und „Wasserschutzpolizei".

BORKUMER KLEINBAHN UND DAMPFSCHIFFAHRT GmbH

Druck: W. Specht, Borkum

Omnibus-Fahrplan SOMMER 1986

Gültig vom 1. Juni bis 20. September 1986

Ostland ➡ Busbahnhof ➡ Fährhafen

Ostland	Ab	—	—	10.17	11.32	12.45	14.08	15.42	17.00	18.30	—	—	—	—
FKK-Strand		—	—	10.19	11.34	12.47	14.10	15.44	17.02	18.32	—	—	—	—
Flugplatz		—	—	10.20	11.35	12.49	14.12	15.46	17.04	18.34	—	—	—	—
Geflügelhof		—	—	10.21	11.36	12.50	14.13	15.47	17.06	18.35	—	—	—	—
BfA-Klinik		w06.50	—	10.24	—	—	14.16	15.50	17.09	18.38	19.35	—	22.20	—
Campingplatz		w06.52	—	10.26	11.38	12.52	14.18	15.52	17.11	18.40	19.38	—	22.22	—
Kath. Kinderheim		w06.53	—	10.28	11.40	12.53	14.19	15.54	17.13	18.42	19.40	—	22.24	—
Bus-Bhf.	**An**	w06.55	—	10.30	11.42	12.55	14.21	15.56	17.15	18.44	19.42	—	22.26	—
Bus-Bhf.	**Ab**	w06.55	09.20	10.32	11.45	13.10	14.35	15.57	17.30	18.45	19.45	21.40	22.30	23.30
Wellenbad		—	—	10.33	11.46	—	—	15.58	17.31	18.46	—	—	—	—
Berufsschule		w06.57	09.22	10.36	11.49	13.12	14.37	16.01	17.34	18.49	19.47	21.41	22.31	23.31
J. van Dykenweg		w06.58	09.23	10.37	11.50	13.13	14.39	16.02	17.35	18.50	19.48	21.42	22.32	23.32
Altenwohnungen		w06.59	09.24	10.38	11.51	13.14	14.40	16.03	17.36	18.51	19.49	21.43	22.33	23.33
Krummer Blockweg		w07.00	09.25	10.39	11.52	13.15	14.41	16.04	17.37	18.52	19.50	21.45	22.35	23.35
Cafe zur Heide		w07.01	09.27	10.40	11.53	13.17	14.42	16.06	17.39	18.54	19.52	21.46	22.36	23.36
Neuer Deich		w07.03	09.28	10.42	11.55	13.18	14.44	16.07	17.40	18.55	19.53	21.47	22.37	23.37
Wattenmeer		w07.04	09.29	10.43	11.56	13.19	14.45	16.08	17.42	18.57	19.55	21.48	22.39	23.39
Schutzhafen		—	09.32	10.46	11.59	13.22	14.48	16.11	17.45	19.00	19.58	—	22.41	23.41
Wache Marine		—	09.35	10.47	12.00	13.25	14.51	16.14	17.47	19.02	20.01	21.50	22.43	23.43
Fährhafen	An	w07.07	09.36	10.48	12.01	13.26	14.52	16.15	17.49	19.04	20.02	21.51	22.44	23.44

Bei dringendem Bedarf wird der Fahrplan verdichtet!

Fahrpreise: 1 Teilstrecke 1,20 DM; 2 Teilstrecken 1,90 DM; 3 Teilstrecken 2,40 DM; 1 Teilstrecke = 2 Haltestellen.

Folgende Haltestellen sind tariflich gleichgestellt:
1) „Jakob-van-Dykenweg", „Altenwohnungen" und „Krummer Blockweg".
2) „Schutzhafen", „Wache Marine" und „Fährhafen".
3) „Campingplatz" und „BfA-Klinik".
4) „Busbahnhof" und „Wellenbad".

w = verkehrt nur werktags;

Bedarfshaltestellen: „Kriegerdenkmal" und „Wasserschutzpolizei".

BORKUMER KLEINBAHN UND DAMPFSCHIFFAHRT GmbH

Druck: W. Specht, Borkum

Omnibusfahrplan vom Sommer 1986.

Vom Ruhrgebiet nach Borkum – Vergleich der Verbindungen in den Jahren 1965, 1995 und 2023

Als Eisenbahnfreunde reisen wir zu unterschiedlichen Zeiten von Essen nach Borkum bzw. von Borkum nach Essen. Was hat sich eigentlich in den letzten Jahrzehnten verändert? Wir wollen es genau wissen und wälzen zunächst das Kursbuch vom Sommer 1965. Wir nehmen einen Saisonzug, den D 165, der Essen Hbf um 11.36 Uhr verlässt und über Hamm nach Münster fährt. Bis Hamm wird er von einer Ellok der Baureihe E 10 gezogen, dann folgt ein Lokwechsel, denn die Strecken nach Münster sind noch nicht elektrifiziert. Eine 01 des Bw Rheine übernimmt den Zug und erreicht den Bahnhof Emden West um 15.38 Uhr. Damals gab es auch noch den Bahnhof Emden Süd, beide wurden durch den Hauptbahnhof Emden ersetzt. Unser Schnellzug nimmt in Münster noch Kurswagen auf, wofür im Fahrplan 20 Minuten vorgesehen sind. Doch von Rheine nach Leer kann der Zug ohne Halt durchfahren und benötigt für die 115 Kilometer genau 75 Minuten. In Emden West müssen wir in einen Personenzug umsteigen, der in der Regel von einer Emdener Rangierlok der Baureihe 94.5 gezogen wird und in nur sieben Minuten den Außenhafen erreicht. Dort steht ein Schiff der AG Ems bereit, um uns in etwas weniger als drei Stunden (einschließlich Inselbahn) in den Ort Borkum zu bringen. Etwa acht Stunden dauert die Reise, gut die Hälfte davon benötigt der Zug.

30 Jahre später im Sommer 1995 hat sich die Situation gründlich verändert. Die Bahnstrecke wurde bis Emden Hbf elektrifiziert und zwischen dem Außenhafen und Borkum verkehrt neben den Fährschiffen der Katamaran „Nordlicht“, der für die Überfahrt nur eine Stunde benötigt. Diesmal fahren wir in Borkum um 10 Uhr los. In Emden Außenhafen erwischen wir einen der wenigen Verbindungszüge zum Hauptbahnhof. Ansonsten haben Busse die Aufgabe der Züge übernommen. Einer der seinerzeit sehr beliebten InterRegios, IR 2311, bringt uns ohne Umstieg in flotter Fahrt über Münster und Recklinghausen nach Gelsenkirchen, wo wir um 14.09 Uhr ankommen. Unsere Zuglok war eine 103, die heute geradezu Kultstatus hat. Nach Essen müssen wir hier umsteigen. Insgesamt sind wir aber deutlich schneller unterwegs als 30 Jahre vorher: Die Bahnfahrt hat sich um gut eine Stunde verkürzt und dank des Katamarans liegt die Fahrzeit insgesamt unter fünf Stunden.

Machen wir noch einen Zeitsprung von 28 Jahren in den Sommer 2023. Wir müssen nun nicht mehr mühsam im Kursbuch nach Streckennummern und Anschlüssen suchen. Die Bahn-App schlägt uns eine sehr schnelle und komfortable Verbindung vor. Im IC 2306 verlassen wir Essen um kurz vor 9.00 Uhr, fahren durch bis Emden Außenhafen, denn die Strecke dorthin wurde vor wenigen Jahren elektrifiziert und wird nun regelmäßig angefahren, wo wir um 12.16 Uhr ankommen. Der Katamaran steht bereit und schon gegen 14 Uhr haben wir unser Ziel erreicht. Diese Zugfahrt dauert nun nur noch drei Stunden und 20 Minuten, insgesamt sind wir etwa viereinhalb Stunden unterwegs. Wer sich mit Regionalexpresszügen und dem Fährschiff auf die Reise begibt, muss eine bis eineinhalb Stunden mehr einkalkulieren.

Am 29. Mai 2010 hat 41 360 einen Sonderzug aus dem Ruhrgebiet nach Emden Außenhafen gebracht.

IC 2204 Borkum

Köln –

Düsseldorf – Oberhausen –
Recklinghausen – Münster (Westf) –

Emden Außenhafen
(Borkum)

DB Fernverkehr AG/Uml. **F4 782/05** 12/17

Schon seit Jahrzehnten gibt es regelmäßig Fernverkehrsverbindungen von Köln über das Ruhrgebiet und Emden Außenhafen nach Borkum.

Im Rahmen einer Sonderzugfahrt der Eisenbahnfreunde OnWheels e. V. aus Dorsten Mitte der 1990er-Jahre zieht Rangierdiesel 291 063 den Leerzug zur Rückfahrt in den Außenhafen. Damals war die Strecke noch nicht elektrifiziert.

Am 23. Juni 2006 wartet ein von 101 058 gezogener IC in Emden Außenhafen auf seine Fahrgäste, die nach ihrem Urlaub die Rückfahrt antreten.

Wie Busse die Bahn ergänzen

Busse ergänzen die Kleinbahn auf Borkum auf zwei Linien, die beide am Borkumer Busbahnhof starten, der sich zwischen dem Bahnhof der Inselbahn im Ortskern und dem Schwimmbad „Gezeitenland“ befindet. Die eine Linie führt parallel zur Inselbahn über den Fährhafen zum Yachthafen. Dabei halten die Busse an deutlich mehr Haltestellen als die Kleinbahn. Die zweite Linie verkehrt über den Campingplatz zum Ostland. Die Busse fahren auf beiden Linien in der Regel alle 90 Minuten. Für den Linienverkehr stehen drei Busse mit Dieselmotoren (davon einer mit Anhänger) und zwei neue Elektrobusse zur Verfügung. Daneben werden Sonderfahrten mit dem zeitlos schönen Oldtimerbus Mercedes O 3500 angeboten.

Am 21. März 2017 traf der erste E-Bus der Borkumer Kleinbahn auf der Insel ein. Er wurde bei einer chinesischen Spezialfirma unter Leitung des niederländischen Unternehmens EBUSCO gebaut. Bei einer jährlichen Fahrleistung von rund 80.000 Kilometern sollen damit rund 70 Tonnen CO_2, 600 Kilogramm Stickstoff und 10 Kilogramm Feinstaub eingespart werden.

Neben der Bahnlinie – teilweise durch etwas Vegetation getrennt – verläuft außerhalb der Ortschaft Borkum nahezu über die komplette Länge die Straße, auf der die Busse verkehren, die das Verkehrsangebot ergänzen. Am rechten Bildrand sieht man die Bushaltestelle am Yachthafen.

Auf ihren historischen Bus ist die AG Ems mindestens genauso stolz wie auf ihre Dampflok oder den neuesten Elektrobus. Regelmäßig führt der Oldtimer Rundfahrten auf der Insel durch.

Am 29. September 2005 versieht dieser schöne MAN-Bus Sonderfahrten zum Scheunenrestaurant „Upholm-Hof".

Viele Jahre setzte die BKB die optisch gelungenen Busse des Typs M 230L117 von Magirus-Deutz ein, die 1974/75 gebaut worden waren. Sie trugen die Namen „Butt“ (amtliches Kennzeichen LER-WV 66) und „Seehund“ (amtliches Kennzeichen LER-JW 2).

Für Fahrten mit erwartbar geringem Fahrgastandrang stand der Borkumer Inselbahn jahrelang das Modell N 407 von Neoplan/Auwärter zur Verfügung.

Am 27. Juli 2014 bricht dieser BKB-Bus des Typs MB O 407 am Bahnhof der Ortschaft Borkum zu einer Sonderfahrt auf.

Am 15. September 2017 fährt dieser Gelenkbus der Marke Mercedes-Benz in Richtung Reede an der Endhaltestelle „Café Ostland" los.

Ebenfalls erhältlich ...

ISBN 978-3-89702-836-4

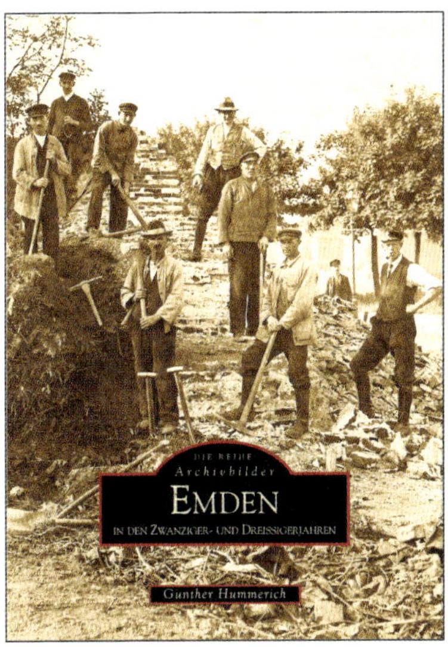

ISBN 978-3-89702-680-3

HOTEL
Nº 48